KB251492

중국어 급소문장 130개—
이것만 외워두세요

중국어 작문의 급소 130

우리가 모국어로 의사소통을 할 때 "저 사람은 말은 잘 하는데 글은 잘 쓰지 못한다"는 말을 흔히 합니다. 그러나 외국어를 공부할 때 회화와 작문은 더욱 밀접한 관계 즉 상호보완적인 관계를 갖지요. 그것은 작문은 회화 공부에서 습득한 표현을 바탕으로 하고 회화의 심화 과정은 작문 공부를 통하여 이루어지기 때문입니다. 그러므로 초급 단계를 지나 중급 단계에 이르게 되면 누구나 작문에 대하여 관심을 갖고 공부하게 되며 학교의 교과 과정 역시 그렇게 짜여집니다. 바로 그러한 필요에 따라 이 책이 쓰여졌으며 수년간 작문 강의를 통하여 느낀 점들을 정리하였습니다.

이 책은 체크 포인트, 13개 학습 단원 그리고 글을 통한 교제에 있어서 필요한 내용들로 구성되어 있는데 우선 도입부에 해당하는 체크 포인트 20개 문항을 자세히 읽어주시기를 당부하고 싶습니다. 여기에는 우리가 중작문을 할 때 틀리는 경향과 원인이 정리되어 있어, 본문 내용을 공부할 때 갖추어야 할 시각을 갖게 할 것입니다. 그리고 각 학습단원은 10개의 문항과 연습문제로 이루어져 있으며 각기 독립적으로 배열된 것이라 독자께서는 블록쌓기를 하는 기분으로 틈틈이 하나 하나씩 배워나가시기 바랍니다.

이 교재가 중·고급 중국어 학습자들의 실력 향상에 일조할 수 있게 되기를 바라며 어려운 여건 속에서도 꾸준한 노력으로 중국어 교재 개발과 출판에 힘쓰시는 시사에듀케이션의 엄호열 사장님 이하 편집부 여러분께 거듭 깊은 고마움을 전하고자 합니다.

차 례

H 비교

I 선택

중작문의 일반적 문제 I

중작문을 하다 보면 우리 언어와의 차이로 인해 범하기 쉬운 오류들이 많이 나타나는데 어휘와 문법 등 모든 부분에 취약점이 있음을 알 수 있다. 이러한 현상들의 원인을 규명하게 된다면 미연에 방지하거나 적당한 수정으로 원활한 의사소통을 할 수 있게 될 것이다.

먼저 의미 또는 표현 방법에 있어서 우리가 범하기 쉬운 오류들을 살펴보도록 하자.

1

这次考试我考得好。(×)
这次考试我考得很好。(○)

표면적인 형식이 옳다고 해도 주어진 문맥에 따라 달리 해석을 해야 하거나 상황에 적절치 못하여 수정을 가해야 한다.

'나는 이번 시험을 잘 치를 수 있다' 즉 자신이 있다, 가능성이 있다는 말로서 동사 '考' 뒤에 보어가 붙은 형식을 취하고 있다. 그러나 원래의 의도가 '나는 이번 시험을 잘 보았다' 즉 '성적이 좋다'는 뜻으로 정도나 결과를 나타내는 것이라면 이는 분명 의미상으로 비문이다. 그리고 또 비교의 의미도 내포하고 있어서 '上次考试我考得不好, …' '지난번에는 잘 보지 못했지만'이라는 뜻이 함축되기도 한다.

이러한 문제를 해결하는 방법은 '好' 앞에 '很'을 붙이는 것이다.

> ● 왕기사는 운전을 아주 잘 합니다.
>
> 王师傅开车开得很好。
> Wáng shīfu kāi chē kāi de hěn hǎo.
>
> 王师傅车开得很好。
> Wáng shīfu chē kāi de hěn hǎo.

2 他是富者，我是贫者。(✕)
他是有钱人，我是穷人。(○)

한문 또는 한자 실력이 중국어 학습에 부정적인 영향을 미칠 수도 있다.
이 문장에 쓰인 '富者'와 '贫者'는 중국인들도 알아는 보겠지만 흔히 사용하는 어휘는 아니다. '者'를 '人'으로 '贫者'를 '穷人'으로 대응하고, '富人'을 다시 '有钱人'으로 바꾸어 '他是有钱人, 我是穷人'이라고 하는 것이 좋다.

● 그는 부자이지만 돈을 어떻게 써야 할지를 모릅니다.

他很有钱, 可是不知怎么花才好。
Tā hěn yǒu qián, kěshì bùzhī zěnme huā cái hǎo.

3 你的看法不是正确。(✕)
你的看法不正确。(○)
你的看法不是正确的。(○)

모국어의 사고가 외국어 작문에 영향을 미친다.
즉 '당신의 견해는 올바르지 않다'고 하는 것과 '당신의 생각은 올바른 것이 아니다'라고 하는 것은 작문의 재료를 선택하는데 있어서 결정적인 역할을 한다. 만약 전자였다면 '올바르지 않다'를 '不正确'이라고 하여 형용사에 부정부사 '不'를 더하여 옳은 표현을 했을 것이다. 그러나 이 경우, 후자를 선택하여 '不是正确'라고 했기 때문에 형용사가 직접 술어가 될 수 있으므로 '是'는 필요하지 않다든지, '正确'을 명사적으로 사용할 때 필요한 조사 '(不是正确)的'가 누락되었다든지 하는 오류를 범하였다.

● 저 사람은 나쁜 사람이 아닙니다.

他不是坏人。
Tā bú shì huàirén.

他不坏。
Tā bú huài.

4 朋友中我吃得很多。(✕)
在朋友当中我吃得最多。(○)

한 문장을 두 개의 부분으로 나누어 놓을 때 각기 정확한 형식이나 의미를 가졌다 해도 합쳐 놓았을 때 서로 호응되지 않을 수 있다.

즉 ‘朋友中’과 ‘我吃得很多’를 합쳐 놓을 경우 비교의 의미를 살려내기 위하여 정도부사 ‘很’을 ‘最’로 바꾸어 ‘친구들 가운데서 내가 가장(最) 많이 먹는다 / 在朋友当中, 我吃得最多’라고 해야 한다. 아래 예문과 같이 조동사 앞의 정도부사의 선택에 있어서도 마찬가지다.

- 여러 가지 운동 종목 가운데서 나는 수영을 가장 좋아합니다.

  在各种运动项目当中, 我最喜欢游泳。
  Zài gè zhǒng yùndòng xiàngmù dāngzhōng, wǒ zuì xǐhuan yóuyǒng.

5 我不好用电脑。(×)
我不会用电脑。(○)

하나의 어휘에 여러 가지 의미가 내포되어 있으므로 사용상 그 의미와 용법에 주의를 기울여야 한다.

이 문장에 쓰인 ‘好’는 우리가 익히 알고 있는 ‘좋다’는 기본적인 의미 외에도 ‘쉽다’, ‘편하다’는 의미가 있는데

　　컴퓨터가 좋다면 电脑好,

　　컴퓨터가 배우기 쉽다면 电脑好(容易)学,

　　컴퓨터가 쓰기에 불편하거나 나쁘면 电脑不好用

이라고 한다. 이 문장에서처럼 ‘不好用电脑’라고 한다면 ‘컴퓨터를 쓰기에 상황이 좋지 못하다’는 뜻이 된다. 그러나 작문의 의도를 반영한다면 역시 ‘나는 컴퓨터를 쓸 줄 모른다 / 我不会用电脑’라고 해야 한다.

- 현대 문명의 이기들은 무엇이든 쓸 줄 알아야 합니다.

  现代文明的利器不管是什么都要会用。
  Xiàndài wénmíng de lìqì bùguǎn shì shénme dōu yào huì yòng.

6 韩国的经济发展越来越好。(×)
韩国的经济发展越来越快。(○)

낱말 사이의 선택적인 배합 관계, 즉 어울리는지 여부를 살펴야 한다.

‘韩国的经济越来越发展’이라고 한다든지 ‘韩国的经济越来越好’라고 한

다면 문장이 성립되지만 '…的发展越来越…'라고 할 경우 '발전의 속도가 어떠하다'라는 뜻을 취하게 되므로 '好'보다는 '快'로 표현하는 것이 옳다.

● 기차의 속도는 점점 빨라집니다.

火车的速度越来越快。
Huǒchē de sùdù yuè lái yuè kuài.

7

你放心，今年我确实可能结婚。(×)
你放心，今年我一定结婚。(○)

한국어를 중국어로 옮길 때 가끔 형태와 의미가 유사한 한자어의 간섭으로 오류를 일으킬 수 있다. 따라서 사용해야 할 표현의 의미를 정확히 파악해두는 것이 무엇보다 중요하다 하겠다.

'올해에는 확실히 결혼할 수 있을 것이다' 이 표현은 매우 긍정적이면서도 예상의 의미를 갖고 있어 다소 어색해 보인다. 그리고 이는 중국어에서 可能은 '할 수도 있을 것이다'로 우리말의 '가능하다'와 차이가 있다. 그러므로 '올해에는 꼭 결혼하겠습니다'로 명확하게 말한다면 '我今年一定结婚'처럼 간결한 문장을 만들 수 있을 것이다.

● 당신과의 약속은 꼭 지키겠습니다.

我一定履行与你的诺言。
Wǒ yídìng lǚxíng yǔ nǐ de nuòyán.

8

你一定多多保重身体。(×)
请多多保重。(○)

중국어에서 표현을 보다 세밀하게 만드는 것이 관련어(定語), 부사어(狀語), 보어(補語)와 같은 부수 성분들로서 이에 대한 공부를 많이 해두어야 한다.

'건강하세요 / 건강에 유념하세요'는 흔히 '保重身体 / 保重'이라고 하는데 우리말의 '…하세요'에 해당하는 '请…'을 그 앞에 붙여 '请保重'이라고 표현한다. 여기에 '많이'라는 개념을 덧붙여 '请多多保重'이라고 하면 더욱 좋을 것이다. 그런데 이 문장에서는 강한 당부의 의미를 표현하고자 '꼭'이라는 뜻으로 '一定'이라는 부사를 삽입한 결과 비문이 되었다. 왜냐하면 '一定(반드시)'은 조동사 '要(…해야 한다)'와 어우러져 '꼭 …하세요'라는 의미를 만든다는 것을 모르고 있었기 때문이다.

● 중국어를 공부하는 학생들은 반드시 발음을 잘 연습해두어야 합니다.

学习汉语的同学一定要把发音练好。
Xuéxí Hànyǔ de tóngxué yídìng yào bǎ fāyīn liàn hǎo.

9 你孩子有几个人？（×）
你有几个孩子？（○）

우리가 배운 언어의 규칙이나 표현을 확대 적용할 경우 많은 비문을 만들어낼 수 있다.

몇 명, 몇 사람을 '几个人'으로 배워 '여기에는 몇 명이 있습니까? / 这儿有 几个人?'이라는 표현을 바탕으로 '당신은 아이가 몇 입니까?'라는 문장을 만들 때 '几个人'이라는 표현을 그대로 적용한다면 위와 같은 비문을 만들게 될 것이다. 이는 '你有几个孩子?'로 표현하는 것이 일반적이다.

● 우리 집은 세 식구입니다.

我家有三口人。
Wǒ jiā yǒu sān kǒu rén.

10 一点多过了。（×）
一点多了。（○）

문장을 구성할 때 간혹 어떤 표현이나 낱말이 불필요하게 사용된다든지 의미상 중복이 되는 성분이 생길 수 있다.

'1시가 지났다'를 표현할 때 지나다를 '过'로 대응하여 '一点过了'라고 했 다면 다소 어색하기는 하지만 가능한 표현을 만들었다고 하겠으나 위의 비문 은 '一点多了'라는 옳은 표현을 만들어 놓고서도 '지나다'라는 느낌이 부족 했던 탓으로 '过'를 붙여 틀린 경우인데, 작문한 내용을 꼼꼼히 살펴 중복된 부분을 잘 선택해서 삭제하면 어느 정도 오류를 줄일 수 있을 것이다.

● 지난 여름에는 중국에 다녀왔습니다.

今年夏天我去过一趟中国。
Jīnnián xiàtiān wǒ qù guo yí tàng Zhōngguó.

중작문의 일반적 문제 Ⅱ
(중국어작문 기본 표현 문제)

다음은 표현 형식상 나타나는 문제를 살펴보도록 하자.

1
我跟他**有很来往**。(×)
我跟他**常常见面**。(○)
我跟他**来往频繁**。(○)

이 문장은 '왕래가 빈번하다, 잦다'를 표현하려는 것으로 단순히 정도부사 '很'을 써서 표현하기보다는 작문 의도에 부합하는 표현을 찾아내어 '常常见面' 혹은 '来往频繁'이라고 해야 한다.

그리고 간과해서 안될 점은 의미를 차치하더라도 문장 형식상 동사 '来往'의 명사적 활용에 대한 이해 부족으로 정도부사 '很'의 위치를 잘못 잡았다는 것이다. '来往'은 여기서 명사적으로 활용된 목적어인 만큼 부사의 수식을 받을 수 없다. '我跟他没有来往'처럼 부사를 술어동사(有) 앞에 놓아야 한다.

◉ 나는 그를 자주 만나지는 않습니다.

我和他不常见面。
Wǒ hé tā bù cháng jiànmiàn.

2
我上次两天去釜山了。(×)
我上次去釜山，在那儿住了两天。(○)

자세히 관찰해 보면 이 문장에는 두 개의 내용이 들어 있는데, 하나는 지난번에 부산에 갔었다는 것과 또 하나는 그곳에서 이틀간 머물렀다는 내용이다. 이런 경우 굳이 한 문장으로 묶지 말고 '나는 지난번에 부산에 갔었는데(我上次去釜山) 그곳에서 이틀 있었다(在那儿住了两天)'고 하는 것이 좋다.

● 나는 2주 일정으로 중국에 다녀올 생각입니다.

我想去中国，要在那儿呆两个星期。
Wǒ xiǎng qù Zhōngguó, yào zài nàr dāi liǎng ge xīngqī.

3 他在这儿来几小时。(×)
他来这儿有三四个小时了。(○)

이 문장은 전치사 '在(…에 있다)'를 '…에'로 오해하고 '그가 …에 오다'를 '他在…来'로 만든 비문으로 '他到这儿来' 또는 '他来这儿'이라고 해야 한다.

'几'는 개수(概數)적 개념과 함께 수량에 대한 의문을 제기할 때 사용하는 대체사이기도 하다. 그러므로 이 문장을 '그는 여기에 온 지 몇 시간이 되었습니까'로 오인할 수도 있을 것이다. 그러한 만큼 '… 되었다 / 有…了'의 사용에 유념해야 하며 몇 시간도 인접한 수의 연결로 개수를 만들어 '他来这儿有三四个小时了.'라고 해야 한다.

● 저 사람은 한국에 온 지 십여 년이 되었는데 한국말을 못합니다.

他来韩国有十多年了，可是不会说韩国话。
Tā lái Hánguó yǒu shí duō nián le, kěshì bú huì shuō Hánguóhuà.

4 他吝啬一切人。(×)
他对所有的人吝啬。(○)

'吝啬'는 형용사로서 목적어를 취할 수 없다. 이런 비문이 생기는 이유는 대체적으로 중국어의 품사에 대한 이해 부족에서 오는 것인데, 형태 변화가 없고 한국어처럼 격조사의 사용이 없어서 구분이 어렵다. 그래서 늘 품사를 확인하는 습관으로 이를 극복해야 한다.

모든 것이라고 할 때 '一切'라고 하는데 이를 달리 표현하면 '所有的'가 된다. 여기서는 '각종 사물의 전체'를 가리키는 '一切'보다는 종류와 범위를 구획하는 '所有的'를 사용하여 '所有的人'이라고 해야 한다. 그리고 대상을 표시하는 전치사 '对…'를 이용하여 목적어 위치에 있는 성분을 술어 앞으로 끌어내어 '他对所有的人吝啬'라고 하면 된다.

他不论对谁都很热情。
Tā búlùn duì shéi dōu hěn rèqíng.

5

我们见面得很多。(×)
我们常常见面。(○)

이는 앞에서 본 (1)의 예와 유사한 내용인데, 부사어로 활용되어야 할 성분이 보어의 위치에 놓인 것이다.
이 비문 속의 '很多' 역시 '자주'라는 의미로 '常常'을 써서 술어 앞에 놓아 '我们常常见面'이라고 하면 된다.

우리는 즐겁게 이야기를 나누곤 합니다.

我们经常聊天, 谈得都很开心。
Wǒmen jīngcháng liáotiān, tán de dōu hěn kāixīn.

6

他给我骄傲他有钱。(×)
他向我夸耀自己有钱。(○)

'给'는 대상을 나타내는 전치사로서 '…에게'라는 뜻이다. 그 뒤를 따르는 술어와 합치면 수여의 의미로 '他给我买了一顶帽子 / 그는 나에게 모자 하나를 사주었다'처럼 사용된다. 그런데 이 비문 속에서 말하는 것은 남에게 자랑을 한다는 내용으로 '给'보다는 방향을 제시하는 '向…'을 써서 작문하는 것이 좋다.
'骄傲'가 '자랑스럽다'는 의미로 쓰이는 경우는 '值得骄傲 / 자랑할 만하다' 또는 '感到骄傲 / 자랑스럽게 여기다'라고 할 때일 뿐 거의 모든 경우 그 본래의 뜻인 '거만하다'로 통한다. 그러므로 여기에서는 과시의 의미로 '夸耀'를 사용하여 '他向我夸耀自己有钱'이라고 해야 한다.

우리는 미담을 세상 사람들에게 널리 알려야 합니다.

我们要向世人宣扬好人好事。
Wǒmen yào xiàng shìrén xuānyáng hǎorén hǎoshì.

7

随便我的事不要管。 (×)
不要管我的事。 (○)

이 문장 역시 우리말 어순대로 '함부로 나의 일에 참견하지 말라'는 것을 중국어로 표현한 것인데 '함부로'에 대응하는 '随便'은 부사로서 직접 술어 '管'을 수식하게 하거나 삭제해도 의미 전달에 지장이 없다. 그리고 '不要管我的事'와 같이 어순을 조정하는 것이 좋다.

- 남에게 해가 되는 말은 함부로 해서는 안됩니다.

  你不能轻易地说出那种可能害及他人的话。
  Nǐ bùnéng qīngyì de shuō chū nà zhǒng kěnéng hàijí tārén de huà.

  这种话可能对别人不好, 你可不能轻易地说出来。
  Zhè zhǒng huà kěnéng duì biéren bù hǎo, nǐ kě bùnéng qīngyì de shuō chūlai.

8

我想还看那本书。 (×)
我还想看看那本书。 (○)
那本书, 我想再看一遍。 (○)

이 문장의 목적어는 '看那本书'라는 동사구이고 술어는 '想'이다. 이러한 경우 부사 '还'는 술어 앞에 위치해야 한다. 그리고 목적어 속의 동사 '看'은 '看看'으로 중첩하여 가벼운 느낌 또는 시도의 의미를 부여한다면 '나는 그 책도 보고 싶다'는 뜻의 문장이 된다. 그러나 한번 보았던 '책을 다시 한번 보고 싶다'는 의도라면 다음의 예문과 같이 목적어 속의 동사 앞뒤에 '再'와 '一遍'을 붙여야 한다.

- 나는 그 책을 다시 한번 보고 싶습니다.

  那本书, 我想再看一遍。
  Nà běn shū, wǒ xiǎng zài kàn yí biàn.

9

这些手表全毛病。 (×)
这些手表全部都坏了。 (○)

시계가 모두 망가졌다는 문장인데, '毛病'은 명사로서 '고장, 질병, 하자'라는 뜻으로 '有'라는 동사와 함께 사용되어야만 '고장났다, 병이 났다(有毛病)'라는 뜻이 된다.

'全'은 '都'와 이어 '这些手表全部都坏了'라고 하는 것이 좋다.

● 그는 아무데나 침을 뱉는 버릇이 있습니다.

他有随地吐痰的毛病。
Tā yǒu suídì tǔtán de máobìng.

10 你把文件在哪儿放了？(×)
你把文件放在哪儿了？(○)

이 문장 속의 '在哪儿'은 사물이 놓인 처소를 묻는 전치사구, 술어동사의 뒤 보어의 위치에 들어가야 하는데 부사어의 위치에 놓인 것이다. 중국어의 보어 성분은 술어의 뒤에 붙게 되지만 우리말에서는 술어의 앞에, 마치 중국어의 상어처럼 보이므로 오류를 범할 소지가 한층 높다.

이 문장은 '你把文件放在哪儿了'로 고쳐야 한다.

● 돈지갑을 어디에 두었는지 잊었어요.

我忘了把钱包放在哪里了。
Wǒ wàng le bǎ qiánbāo fàngzài nǎli le.

본문

지금 …을 하고 있다
正在…

나는 지금 친구에게 편지를 쓰고 있습니다.

단어 지금 : 现在 xiànzài 편지를 쓰다 : 写信 xiě xìn

작문 我**正在**给朋友写信。
Wǒ zhèngzài gěi péngyou xiěxìn.

1 '지금 …을 하고 있다'를 '现在正在做…' 라고 옮기는 경우가 있는데, 이 문장처럼 편지를 '쓰다(写)' 라는 동사가 있고, '正在'는 현재 상황의 전개 또는 지속을 표시하는 부사로서 '正在' 만으로도 충분히 의미를 전달할 수 있다. 그러므로 '现在正在做…'를 '正在…' 라고 하기만 하면 된다.

- 나는 지금 영어 공부를 하고 있습니다.

  我**正在**学习英语。
  Wǒ zhèngzài xuéxí Yīngyǔ.

2 '…에게'는 대상을 나타내는 전치사구 '给…' 라고 한다.

- 중국의 바이어**에게** 편지를 보냈습니다.

  我**给**中国的买主写了一封信。
  Wǒ gěi Zhōngguó de mǎizhǔ xiě le yì fēng xìn.

바로잡기

- **最近我正在考试**，所以给你没有写信。(×)
  Zuìjìn wǒ zhèngzài kǎoshi, suǒyǐ gěi nǐ méiyǒu xiěxìn.
- **最近我考试**，所以好久没有给你写信。(○)
  Zuìjìn wǒ kǎoshì, suǒyǐ hǎojiǔ méiyǒu gěi nǐ xiěxìn.

'给你写信'을 부정형으로 만들 경우, 부정부사 '没有'를 '给你' 앞에 붙이고, 또 그 기간이 오래되었다는 사실을 부각시키려고 한다면 '没有' 앞에 다시 시간부사인 '好久'를 덧붙여 '好久没有…' 라고 하는 것이 좋다. 그리고 '正在'는 눈앞의 시점을 말하는 것으로 근래 일정 기간을 의미하는 '最近'과 어울리지 않으므로 삭제하여야 한다.

···해주세요
请···

저 앞 사거리에서 우회전해주세요.

단어 앞 : 前面 qiánmiàn　　사거리 : 十字路口 shízìlùkǒu
우회전 : 向右拐 xiàng yòu guǎi

작문 **请**在前面的十字路口向右拐。
Qǐng zài qiánmiàn de shízìlùkǒu xiàng yòu guǎi.

1 남에게 부탁을 하거나 권할 때는 어기를 완화하거나 완곡한 표현을 쓰는 것이 좋은데, 일반적으로는 위 문장에서 보듯 문장 맨 앞에 '请'을 붙인다. 이렇게 표현하지 않고 '在前面的十字路口向右拐！'라고 하면 남을 불쾌하게 만들 수 있는 명령문이 된다.

- 다시 한번 말씀**해주십시오**.
  请再说一遍。
  Qǐng zài shuō yí biàn.

- 많은 지도편달 **바랍니다**.
  请多多指教。
  Qǐng duōduō zhǐjiào.

2 '우회전'이라는 표현은 '우측을 향하여(向右) 꺾다(拐)'로 표현한다.

바로잡기

- **你**代我向你全家人问好。(×)
  Nǐ dài wǒ xiàng nǐ quán jiārén wènhǎo.
- **请**代我向你全家人问好。(○)
  Qǐng dài wǒ xiàng nǐ quán jiārén wènhǎo.

이 표현은 편지글의 말미에 흔히 쓰이는 문구로, 수신자에게 '댁내 모든 분들에게 안부를 전해 달라'는 부탁의 말이다. 그러한 만큼 문장의 앞에 '请'을 붙이는 것이 예의바른 표현이라고 할 수 있다.

3 ···에게 팔다
卖给···

단어 컴퓨터 : 电脑 diànnǎo

작문 英洙把电脑**卖给**英美了。
Yīngzhū bǎ diànnǎo mài gěi Yīngměi le.

1 '영수가 컴퓨터를 팔다'는 중국어의 기본 구조 'Ｓ Ｖ Ｏ'로 '英洙卖电脑'라고 하면 된다. 그러나 이 문장은 '영수가 컴퓨터를 처분'한 점과 '영미에게 팔았다'는 두 가지 점이 모두 포함되어야 한다. 그러므로 '把'자문을 사용하여 영수가 컴퓨터를 어떻게 처치하였는지를 표현해야 하고, 또 개사 '给'를 동사 '卖' 뒤에 붙인 다음 처치 과정의 수혜자 '영미'를 목적어로 취하여 '把电脑卖给英美了'라고 해야 한다.

- 그들은 물건을 남**에게 팔아버렸습니다.**

他们把东西**卖给**别人了。
Tāmen bǎ dōngxi mài gěi biéren le.

2 부정문을 만들 때에는 부정부사 '没有'를 '把'로 구성된 전치사구 앞에 붙이면 된다.

- 나는 집**을** 팔아버리**지 않았습니다.**

我**没有把**房子卖掉。
Wǒ méiyǒu bǎ fángzi mài diào.

바로잡기

- 请你**送给我**录音带。(×)
Qǐng nǐ sòng gěi wǒ lùyīndài.
- 请你**把录音带送到我这儿来**。(○)
Qǐng nǐ bǎ lùyīndài sòng dào wǒ zhèr lái.

이 말은 '녹음 테이프를 나에게 보내주시오.'라는 뜻인데, 이 역시 무엇을 어떻게 처리해 달라는 의미이므로 '把'자문을 사용해야 할 것이다. '请你把录音带送来' 또는 '我＋这儿'로 처소 명사를 구성하여 위치를 분명히 한 다음 '请你把录音带送到我这儿来'라고 하면 된다.

…에 다니고 있다
在…做事

> **나는 지금 컴퓨터회사에 다니고 있습니다.**

단어 …하고 있다 : 正在… zhèngzài

작문 我**在**一家电脑公司**做事**。
Wǒ zài yì jiā diànnǎo gōngsī zuò shì.

1 '다니다'는 학생 또는 직장인이라는 신분에 상응하는 목적어 '학교'나 '회사'에 따라서 '上学' 또는 '上班'이라고 할 수 있으며, 이를 '念书', '做事'라고 표현할 수도 있다. 부정문을 만들 경우 전치사구 '在…' 앞에 부정부사를 붙인다.

- 나는 회사를 그만두었습니다.

  我**不在**那家公司**做事**了。
  Wǒ bú zài nà jiā gōngsī zuò shì le.

2 '지금 …하고 있다'는 '现在正在…'로 표현할 수 있다. 이 문장의 경우, 처소를 나타내는 전치사 '在'와도 겹치게 되어 '现在正在在…'라고 하면 매우 부자연스럽기 때문에 전치사 '在'만을 남겨두는 것이 좋다.

- 왕사장은 **지금** 사무실**에서** 손님을 접대하고 있습니다.

  王经理**在**办公室接待客人。
  Wáng jīnglǐ zài bàngōngshì jiēdài kèrén.

3 중국어에서는 양사가 많이 사용되는데, 업소나 사업체를 나타내는 명사(电脑公司) 앞에 '一家'라는 수량사를 붙이는 것이 좋다.

바로잡기

- 我**上班在**一家贸易公司。(×)
  Wǒ shàngbān zài yì jiā màoyì gōngsī.
- 我**在**一家贸易公司**工作**。(○)
  Wǒ zài yì jiā màoyì gōngsī gōngzuò.

'上班'은 동목구조의 동사로서 목적어를 취할 수 없다. 따라서 '在一家贸易公司'는 동사를 수식하는 전치사구로 술어 앞 원래 위치에 두고, '我在一家贸易公司上班' 또는 '我在一家贸易公司工作'라고 하는 것이 좋다.

…이 필요하다
需要…

단어 비용 : 费用 fèiyòng, 金钱 jīnqián   필요하다 : 需要 xūyào

작문 做这件事**需要**投入很多时间和金钱。
Zuò zhè jiàn shì xūyào tóurù hěn duō shíjiān hé jīnqián.

1 '일을 하다'는 '做事'이고, 지시대사(这 / 那)와 양사(件)가 결합하여 수량사처럼 '事' 앞에 붙어 '做这件事'라고 한다.

- 그 일은 제가 한 일이 아닙니다.
  那件事不是我做的。
  Nà jiàn shì búshì wǒ zuò de.

2 '필요하다'는 '需要'라고 하고 그 뒤에 '时间和金钱'을 목적어로 해도 되지만, 흔히 사용하는 표현은 목적어에 '投入'라는 동사를 붙여 동사구가 목적어가 되게 하는 것이다.

- 이 사업은 막대한 자금이 투입**되어야 합니다**.
  这项工程**需要**投入庞大的资金。
  Zhè xiàng gōngchéng xūyào tóurù pángdà de zījīn.

바로잡기

- 若有**必要**什么帮忙, 请不要客气。(×)
  Ruò yǒu bìyào shénme bāngmáng, qǐng búyào kèqi.
- 如果有什么**需要**帮忙的, 请不要客气。(○)
  Rúguǒ yǒu shénme xūyào bāngmáng de, qǐng búyào kèqi.

이 비문은 '제가 도울 일이 있다면 서슴치 마시고 말씀해주세요'라는 뜻인데, 전체적으로 구어적인데 문어적인 표현인 '若'가 쓰여 자연스럽지 못하므로 우선 이를 '要是'나 '如果'로 바꾸는 것이 좋다. 그리고 '必要'는 '필요하다'는 표현이 아니라 '반드시 …해야 한다'라는 의미이다.
또 '需要帮忙(도움이 필요하다)' 앞에 '有'라는 동사가 있다면 그 뒤에 목적어는 명사성 구조를 띠는 것이 일반적이므로 '需要帮忙的'라고 해야 한다. 다시 그 앞에 '什么'라는 대사를 붙인다면 '무슨 도울 것이라도 있다면 / 有什么需要帮忙的'로 표현할 수 있다.

···에게 묻다
问···

단어 사장 : 老板 lǎobǎn, 总经理 zǒngjīnglǐ   다··· : ···好 hǎo

작문 老板**问**敏锡有没有把事做好。
Lǎobǎn wèn Mǐnxī yǒu méiyǒu bǎ shì zuò hǎo.

1 '···에게 묻다'는 '问···'라고 하고, 그 뒤에 묻고자 하는 내용을 붙이면 된다.

- 그는 나**에게** 언제 가느냐고 **물었습니다**.
  他**问**我什么时候去。
  Tā wèn wǒ shénme shíhou qù.

- 나는 그에게 이유를 **묻지 않았습니다**.
  我**没有问**他为什么。
  Wǒ méiyǒu wèn tā wèishénme.

2 '일을 했느냐'는 의문문으로 '有'의 긍정과 부정을 병렬하여 '有没有做事'라고 물으면 된다.

3 원문에 나와 있는 대로 '일을 마무리 지었는지'를 물을 경우, 처지의 의미로 '把'자문을 구사하고 동사(做)의 뒤에 보어 '好'를 넣어 '有没有把事做好'라고 한다.

- 소포를 발송했습니까?
  有没有把包裹寄出去。
  Yǒu méiyǒu bǎ bāoguǒ jìchūqu.

바로잡기

- 我一定要**做好事**。(×)
  Wǒ yídìng yào zuò hǎo shì.
- 我一定要**把事情做好**。(○)
  Wǒ yídìng yào bǎ shìqíng zuò hǎo.

나의 임무를 완수하기 위하여 '我一定要做好事(좋은 일을 해야 한다)'고 하면 앞뒤가 맞지 않는다. 이 문장의 의도대로 '일을 다 해야 한다'로 옮기려면 '把'자문을 구사하고 동사(做)의 뒤에 보어 '好'를 넣어서 '一定要把事情做好'라고 하는 것이 옳다.

7

…에게 말해주세요
告诉…吧

> 모르는 척하지 마시고 어서 저에게 말해주세요.

단어 척하다 : 假装 jiǎzhuāng   어서 : 快 kuài   말하다 : 说 shūo, 告诉 gàosu

작문 你不要假装不知道，快告诉我吧。
Nǐ búyào jiǎzhuāng bùzhīdao, kuài gàosu wǒ ba.

1 '~하지 말고 …하시오'는 '不要~, 请…'이라고 하면 된다. 또 '어서'에 대응하는 부사 '快'를 붙여 '请快…'라고 하면 재촉의 의미를 표현할 수 있다.

- 미안해**하지 마시고** 어서 가**십시오**.
  不要客气，**请快**走吧。
  Búyào kèqi, qǐng kuài zǒu ba.

2 '말해주다'는 '이르다'는 뜻으로 '告诉'를 쓰는 것이 좋다.

- 이 일을 그 사람에게 절대로 **알리지** 마세요.
  你绝对不可以**告诉**他这件事。
  Nǐ juéduì bù kěyǐ gàosu tā zhè jiàn shì.

바로잡기

- 你快说我吧。(×)
  Nǐ kuài shuō wǒ ba.
- 你快告诉我吧。(○)
  Nǐ kuài gàosu wǒ ba.

'说'는 '말하다' 외에 '꾸짖다'는 뜻이 있는데 '说' 뒤에 사람을 나타내는 명사나 인칭대사가 목적어로 오면 '아무개를 비난하다'로 해석된다.

你不要说我。(나를 꾸짖지 마세요.)
Nǐ búyào shuō wǒ.

你别老是说人家不好。(항상 남을 나쁘다 비난하지 마세요.)
Nǐ bié lǎoshi shuō rénjia bù hǎo.

그러므로 '알리다'는 뜻으로 '告诉'로 사용하여 '你快告诉我吧'라고 해야 한다.

돈을 들여 …
用钱 …

나는 많은 돈을 들여 그 책을 구입했습니다.

단어 많은 : 很多 hěn duō   구입하다 : 买 mǎi, 购买 gòu mǎi

작문 我**用**很多**钱**买了那本书。
Wǒ yòng hěn duō qián mǎi le nà běn shū.

1 '들이다'는 '花(쓰다, 소비하다)' 또는 '投入(자금을 투입하다)'로 표현할 수도 있다.

- 이 일을 하는 데 돈이 그렇게 많이 **들**지는 않습니다.
  办这件事**花**不了那么多钱。
  Bàn zhè jiàn shì huābuliǎo nàme duō qián.

- 이 건물을 짓는 데 돈이 많이 **들**었습니다.
  盖这栋楼**投入**的资金相当可观。
  Gài zhè dòng lóu tóurù de zījīn xiāngdāng kěguān.

2 '多'는 '많다'는 뜻인데, 이 형용사가 중심어(钱)를 수식하는 관형어로 사용할 경우, 그 앞에 부사 '很'을 붙이는 것이 자연스럽다.

- 나는 돈을 **많이** 벌었다.
  我赚了**很多钱**。
  Wǒ zhuàn le hěn duō qián.

바로잡기

- 我**交际**了很多的朋友。(×)
  Wǒ jiāojì le hěn duō de péngyou.
- 我**交**了很多朋友。(○)
  Wǒ jiāole hěn duō péngyou.

이 문장에는 두 개가 오류가 있는데, 그 하나는 동사로 '交际'를 쓴 것이다. 이는 명사로서 동사로도 활용할 수 있지만 목적어를 취할 수 없다. 그러므로 '交'로 고쳐 써야 한다. 그리고 두 번째는 '很多'의 뒤에는 '的'를 붙이지 않는다는 것이다. 그래서 이 문장을 '我交了 很多朋友'라고 하는 것이 맞는 표현이다.

9 하느라고 하였다
尽了力了

단어 ···지만 : 可是···   어떠한지 : 怎么样   모르다 : 不知(道)   ···ㄹ지 : 会

작문 我**尽了力了**, 可不知结果会怎么样。
Wǒ jìn le lì le, kě bùzhī jiéguǒ huì zěnmeyàng.

1 '하느라고 하였다'는 '일에 있어서 나의 있는 힘(力)을 다했다(尽)'로 이해하여 '尽力'라고 하고, 동사 뒤에 완료의 의미를 나타내는 조사 '了'를, 그리고 목적어 뒤에는 어기조사인 '了'를 붙여 '我尽了力了'라고 하면 된다.

2 이와 같은 의미로 '竭尽全力(了)' 또는 '尽力而为(了)'라고 표현할 수도 있다.

> ● 거래가 성사되도록 **최선을 다할** 것입니다.
>
> 为了达成交易, 我会**竭尽全力(尽力而为)**的。
> Wèi le dáchéng jiāoyì, wǒ huì jiéjìn quánlì (jìnlìérwéi) de.

3 '어떨지'는 일의 결과에 대한 의문으로서 '결과가 어떨지(结果会怎么样)'로 옮겨야 한다. 이와 같이 원문에 함축되어 있는 표현이나 낱말을 찾아낼 수 있어야 정확한 작문이 가능하다.

> ● 내년에는 상황이 **어떨지** 잘 모르겠습니다.
>
> 不知明年的情况会**怎么样**。
> Bùzhī míngnián de qíngkuàng huì zěnmeyàng.

바로잡기

- 我**不知道** '单位'。(×)
  Wǒ bùzhīdào dānwèi.

- 我**不知道**单位**是什么意思**。(○)
  Wǒ bùzhīdao dànwèi shì shénme yìsi.

이는 '나는 「单位」가 무엇인지 잘 모른다.'는 작문 의도를 표현한 것인데, 이 경우 비문의 '单位' 뒤에 '···가 무엇인지(是什么)'나 '···가 무슨 뜻인지(是什么意思)'를 붙여 '我不知道单位是什么(意思)。'라고 해야 한다.

10 다음에 가도록 합시다
改天去吧

> **오후에 비가 온다니 다음에 가도록 합시다.**

단어 비가 오다 : 下雨 xiàyǔ　…ㄴ다니 : 听说 tīngshuō
다음에 : 下次 xiàcì, 改天 gǎitiān

작문 听说，下午要下雨，我们改天去吧！
Tīngshuō, xiàwǔ yào xiàyǔ, wǒmen gǎitiān qù ba!

1 '…ㄴ다니'는 남의 말을 들어서 알게 된 사실로 이 경우 중국어에서는 '听说' 라고 하며 문장 맨 앞에 놓는다. 그리고 '听说' 사이에 정보의 출처를 나타내는 낱말을 삽입하여 다음과 같이 말할 수도 있다.

● **친구의 말로는** 장형이 미국에 갔답니다.
　我听朋友说，老张去美国了。
　Wǒ tīng péngyou shuō, Lǎo Zhāng qù Měiguó le.

2 '비가 온다'가 일종의 현상으로 곧 발생할 것이라고 할 때, '要…了'의 형식을 취한다.

● 곧 비가 올 것 같다.
　要下雨了！
　Yào xiàyǔ le!

　快要下雨了！
　Kuàiyào xiàyǔ le!

바로잡기

• 我的妹妹要结婚，有时间的话**访问一下**。（✕）
　Wǒ de mèimei yào jiéhūn, yǒu shíjiān de huà fǎngwèn yíxià.
• 我的妹妹要结婚了，请抽空**参加婚礼**。（○）
　Wǒ de mèimei yào jiéhūn le, qǐng chōu kòng cānjiā hūnlǐ.

위의 설명 (2)에서 본 바와 같이 곧 결혼을 할 것이라고 할 때에는 '要结婚了'라고 해야 하고, 그 뒤의 문장에도 '访问'이라고 하는 것보다는 '시간을 내어 예식에 참석해주길 바란다'로 바꾸어 '请抽空参加婚礼'라고 하는 것이 자연스럽다.

1 그 친구는 지금 대상무역에 나가고 있다고 합니다.

   →

2 답장이 늦었군요. 양해해 주세요.

   →

3 나는 지금 대학에서 국제법을 공부하고 있습니다.

   →

4 일을 하는 데 경험이 부족하여 실수를 많이 합니다.

   →

5 왕선생의 주소를 다시 한번 알려주세요.

   →

6 귀하의 지도편달을 부탁드립니다.

   →

7 사업의 진척 상황을 알고 싶습니다.

   →

8 지금 일정이 변경된 이유를 알아보고 있습니다.

   →

9 언제 이 곳에 오실지 사전에 알려주십시오.

   →

10 요즘 업무가 매우 바쁜 관계로 방문 일정을 늦추었습니다.

   →

11 ~을 하러 …에 가다
去…, ～

책을 좀 사러 서점에 갈까 합니다.

단어　서점 : 书店 shūdiàn　　…ㄹ까 하다 : 想… xiǎng…

작문　我想**去**书店买几本书。
Wǒ xiǎng qù shūdiàn mǎi jǐ běn shū.

1 '~을 하러 …에 가다'는 중국어의 특수 문형인 連動文을 만들어 표현해야 하는 내용으로서 어순에 있어서 앞뒤의 위치가 바뀐다는 점에 유념해야 한다. 이 경우 '~을 하러' 즉 목적에 해당하는 '买书'를 뒤에 두어 '去书店买书'라고 한다.

- 어머니는 **장을 보러 시장에 가**셨습니다.
  母亲**去市场买菜**去了。
  Mǔqīn qù shìchǎng mǎicài qù le.

- 여름에는 **해수욕을 하러 바닷가를 찾는** 사람이 많습니다.
  夏天**去海边洗海澡**的人很多。
  Xiàtiān qù hǎibiān xǐ hǎizǎo de rén hěn duō.

2 '책을 좀'이라고 할 때 확실한 수가 아닌 개략적인 수를 나타내는 것으로 '一些'나 '一点儿'를 쓰는 것보다 책의 양사 '本' 앞에 '几(몇)'를 붙여 '几本书'라고 하는 것이 좋다.

바로잡기

- 我想要**工作**跟进出口有关系的事。(×)
  Wo xiǎngyào gōngzuò gēn jìnchūkǒu yǒu guānxi de shì.

- 我想**从事**和进出口有关的工作。(○)
  Wǒ xiǎng cóngshì hé jìnchūkǒu yǒuguān de gōngzuò.

'工作'는 '일을 하다'는 뜻으로 목적어를 수반할 수 없는 동사이다. 이 경우 목적어 '事'와 어울리는 동사 '做'를 써야 한다. '跟…有关系的'도 '和…有关的'라고 하는 것이 좋다. 목적어를 '跟…有关系的工作'라고 할 경우, '做'에 상응하는 동사 '从事'를 사용하여 '从事和…有关的工作'라고 할 수 있다.

12 ···에게 문병 가다
去看···

단어 한 다발 : 一束 yì shù 　···을 사들고 : 带··· dài

작문 听说他病了, 英美就带一束花去看他了。
Tīngshuō tā bìng le, Yīngměi jiù dài yí shù huā qù kàn tā le.

1 '···소식을 듣다'는 역시 '남에게서 전해 듣다'는 뜻으로 '听人家说' 아니면 '听说'라고 한다. 그리고 영미가 소식을 접한 것과 문병 간 행동이 연결되었는데, 이 때 두 문장 사이에 시간부사 '就(곧)'를 사용한다.

- 그는 비행기에서 내리**자마자** 회사로 달려 갔**습니다**.
  他一下飞机**就**赶到公司去了。
  Tā yí xià fēijī jiù gǎndào gōngsī qù le.

- 유과장은 무슨 일이 생길 **때마다** 박대리를 찾**습니다**.
  刘科长一有事**就**找朴代理来。
  Liú kēzhǎng yì yǒu shì jiù zhǎo Piáo dàilǐ lái.

2 여기에서 '아프다'는 '疼'이라고 하지 않고 '병에 걸리다'로 새겨 '病了' 또는 '不舒服'라고 한다.

- 한 시간 내내 서 있었더니 다리가 **아픕니다**.
  站了整整一个小时, 腿**疼**得很。
  Zhàn le zhěngzhěng yí ge xiǎoshí, tuǐ téng de hěn.

- 몸이 **아파** 출근하지 못했습니다.
  因为身体**不舒服**, 所以没能上班。
  Yīnwèi shēntǐ bù shūfu, suǒyǐ méi néng shàngbān.

바로잡기

- 我一看到外边的风景, 就我的疲劳消失了。(×)
  Wǒ yí kàndao wàibian de fēngjǐng, jiù wǒ de píláo xiāoshī le.
- 我一看到外边的风景, 疲劳就消除了。(○)
  Wǒ yí kàndao wàibian de fēngjǐng, píláo jiù xiāochú le.

이 문장의 작문 의도는 '밖의 경치를 보자마자 피로가 곧 사라졌다'는 것이다. 이 때 관련사 '一···就···'를 사용하여 변화가 즉각적으로 이루어졌음을 표현한다. 일반적으로 부사 (就)는 술어(消失)를 수식하는 성분으로 주어(我的疲劳)의 앞에 위치할 수 없다. 그래서 '我的疲劳就消除了'라고 해야 한다.

나하고 같이 … 하자
和我一起…吧

단어 …와 같이 : 和…一起 hé … yìqǐ   가다 : 去 qù   시장(상황) : 市情 shìqíng

작문 和我一起去中国考察市情吧。
Hé wǒ yìqǐ qù Zhōngguó kǎochá shìqíng ba.

1 '…합시다'는 상대방에게 무엇인가를 제안하거나 권유하는 표현으로 어기조사 '吧'를 문장 맨 끝에 붙인다.

- 그를 좀 도와**줍시다**.
  我们帮帮他**吧**。
  Wǒmen bāngbāng tā ba.

- 이 문제는 다음에 다시 이야기**합시다**.
  有关这个问题我们下次再讨论**吧**。
  Yǒuguān zhè ge wèntí wǒmen xiàcì tǎolùn ba.

2 '和'는 구어에서 '跟'이나 '同'으로 많이 쓰인다.

- 중요한 사안은 나**와** 상의하도록 하세요.
  有要紧的事请**跟(同)**我商量。
  Yǒu yàojǐn de shì qǐng gēn(tóng) wǒ shāngliáng.

바로잡기

- 我上大学时喜欢朋友们一起玩儿。(×)
  Wǒ shàng dàxué shí xǐhuan péngyoumen yìqǐ wánr.
- 我上大学的时候喜欢**和**朋友们一起玩儿。(○)
  Wǒ shàng dàxué de shíhou xǐhuan hé péngyoumen yìqǐ wánr.

이 문장에는 '一起'와 호응하는 개사 '和'가 빠져 있다.

14 ~하면서 …하다
一边~一边…

> 밥을 먹으면서 신문을 보는 것은 좋은 습관이 아니지요.

단어 밥을 먹다 : 吃饭 chīfàn　　신문을 보다 : 看报 kàn bào　　습관 : 习惯 xíguàn

작문 一边吃饭一边看报是一种坏习惯。
Yìbiān chīfàn yìbiān kàn bào shì yì zhǒng huài xíguàn.

1 '一边~一边…'은 관련사의 일종이다. 동사 앞에 쓰여 두 가지 이상의 동작이 동시에 진행됨을 표현한다.

- 그는 가이드의 설명을 들으**면서** 메모를 **합니다**.
他**一边**听导游的说明，**一边**作记录。
Tā yìbiān tīng dǎoyóu de shuōmíng, yìbiān zuò jìlù.

- 그는 전화를 **하면서** 메모를 **하고** 손님이 자리에 앉도록 청**했습니다**.
他**一边**听电话，**一边**记，**一边**招呼客人坐下。
Tā yìbiān tīng diànhuà, yìbiān jì, yìbiān zhāohu kèrén zuòxia.

2 '一边…一边…'은 단음절 동사와 결합할 경우, 그리고 앞뒤 동사의 주어가 동일할 경우 '一'를 생략할 수 있다.

- 그는 노래를 부르**면서** 춤을 **춥니다**.
他**边**唱**边**跳。
Tā biān chàng biān tiào.

바로잡기

- 每天看报的时候，**一边**想想现在韩国社会，**一边**担心韩国的未来。(×)
Měitiān kàn bào de shíhou, yìbiān xiǎngxiang xiànzài Hánguó shèhuì, yìbiān dānxīn Hánguó de wèilái.
- 每天看报的时候，思想韩国的社会现实，**并**为韩国的未来而担忧。(○)
Měitiān kàn bào de shíhou, sīxiǎng Hánguó de shèhuì xiànshí, bìng wèi Hánguó de wèilái ér dānyōu.

이 문장의 사용된 관련사는 두 가지 동작이 한 사람에 의하여 동시에 진행될 경우 사용하는 것으로 심리활동을 표현하는 동사보다는 동작 동사에 국한하여 주로 사용된다. 그러므로 이 문장의 '想'이나 '担心'에 맞도록 달리 표현해 보는 것이 좋다. '매일 신문을 볼 때면 한국의 사회현실을 생각하며 한국의 미래에 대하여 걱정한다.'라는 작문 의도에 맞추어 '并'을 사용하여 '思想韩国的社会现实，并为韩国的未来而担忧.'라고 하는 것이 좋다.

···하기로 하다
打算···

저녁은 밖에서 먹기로 했습니다.

 밖: 外面 wàimiàn   저녁: 傍晚 bàngwǎn, 晚饭 wǎnfàn

 我打算到外面去吃晚饭。
Wǒ dǎsuan dào wàimiàn qù chī wǎnfàn.

1 '밖에서 먹다'를 '외식하다'로 변환할 수 있듯이 '到外面去吃'를 '吃馆子' 즉 '식당에서 먹다'로 바꾸어 아래와 같이 말할 수 있는데, 이렇듯 한 가지 표현에 얽매이지 않고 다른 표현을 찾아보면 다양한 표현을 배우고 구사할 수 있게 된다.

- 저녁에는 외식을 **하려고 합니다.**

  晚上我**打算**吃馆子。
  Wǎnshang wǒ dǎsuan chī guǎnzi.

2 '~기로 하다'를 '打算'으로 옮길 수 있겠지만, 보다 공식적이고 중대한 사안에 대해서는 '决定'이라고 하는 것이 좋다.

- 회사에서는 나를 중국에 파견하**기로 결정하였습니다.**

  公司**决定**派我到中国去。
  Gōngsī juédìng pài wǒ dào Zhōngguó qù.

바로잡기

- 我跟几个朋友一起**到您家访问**。(×)
  Wǒ gēn jǐ ge péngyou yìqǐ dào nín jiā fǎngwèn.
- 我想跟几个朋友一起**到府上拜访您**。(○)
  Wǒ xiǎng gēn jǐ ge péngyou yìqǐ dào fǔshang bàifǎng nín.

이 비문에는 '~ㄹ 것이다'는 시제의 처리 또는 의도에 대한 정확한 표현이 되어 있지 않다. 따라서 주어(我) 뒤에 '打算~, 想~'과 같은 조동사를 붙여야 한다. '到您家访问' 역시 표현이 적절치 못한 부분으로서 '찾아뵙다'라는 의미로 '访问'보다는 '拜访'이라고 해야 하고, '您家'도 기왕이면 '댁'이라는 뜻의 '府上'을 사용하여 '到府上拜访您'이라고 하는 것이 좋다.

…에서 오다

从…来

단어　홍보실 : 公关部 Gōngguānbù

작문　公关部的小晶是从中国来的。
Gōngguānbù de Xiǎojīng shì cóng Zhōngguó lái de.

1 '중국에서 왔다'는 그 사람의 출신지역을 나타내는 말로서 위 문장에서 처럼 '是…的'의 형식으로 표현하거나 '是中国人'이라고 말할 수 있다.

　● 저는 한국에서 왔습니다.
　我是从韩国来的。
　Wǒ shì cóng Hánguó lái de.

　我是韩国人。
　Wǒ shì Hánguórén.

2 '홍보실의 소정은 ~'은 '公关部的小晶'이라고 할 수 있겠으나, 실제적으로 담당하는 업무를 중심으로 '그는 홍보업무를 담당하고 있다'라는 뜻으로 다음과 같이 말해도 된다.

　● 홍보를 맡고 있는 소정은 젊고 아름답습니다.
　负责公关业务的小晶年轻貌美。
　Fùzé gōngguān yèwùde Xiǎojīng niánqīng màoměi.

바로잡기

- 货样和交货是**不一定一致的**。(×)
　Huòyàng hé jiāohuò shì bùyídìng yízhì de.

- 货样和交货**不一定一致**。(○)
　Huòyàng hé jiāohuò bùyídìng yízhì.

이 문장은 '견본과 인도된 물품이 반드시 일치하지 않을 수도 있다'는 작문 의도에서 출발한 것으로 형용사 '一致'가 술어가 되고 부사어인 '不一定(꼭 그렇지 않을 수도 있다)'이 그 앞에 수식어로 붙으면 된다. 따라서 '是…的'를 삭제하는 것이 좋다.

~ 도 하고 … 도 하다

~(동 + 목), …(동 + 목)

일요일에는 독서도 하고 음악감상도 하지요.

단어 독서하다 : 看书 kàn shū   음악감상 : 听音乐 tīng yīnyuè

작문 星期天看看书，听听音乐。
Xīngqītiān kànkan shū, tīngting yīnyuè.

1 이렇게 동목구가 술어로 병렬이 되는 경우, 쉼표 하나를 그 사이에 찍어 연결시키면 된다.

- 당신이 나가서 마당을 쓸고 꽃에 물도 좀 주세요.
  你到院子去扫扫地，浇浇花。
  Nǐ dào yuànzi qù sǎosao dì, jiāojiao huā.

- 당신 자신과 당신 가정을 생각해 보시오.
  你想想你自己，想想你的家人
  Nǐ xiǎngxiang nǐ zìjǐ, xiǎngxiang nǐ de jiārén.

2 '看看'이나 '听听'처럼 동사를 중첩하면 가볍게 '좀 ~해보다'라는 시도의 의미가 있다.

바로잡기

- 我想看贵公司的产品说明书。(✕)
  Wǒ xiǎng kàn guì gōngsī de chǎnpǐn shuōmíngshū.
- 我想看看贵公司的产品说明书。(○)
  Wǒ xiǎng kànkan guì gōngsī de chǎnpǐn shuōmíngshū.

이 경우 눈에 띄는 오류는 없다 해도 사실 어기가 다소 강하여 자칫 불손하게 받아들여질 수도 있다. 그러므로 어기를 완화하는 의미로 '看'을 중첩하여 '看看'이라고 하여 어기를 가볍게 완화하는 것이 좋다.

18 ···가 일을 다 해주다
做事全靠···帮忙

단어 초기에 : 刚··· 的时候 gāng···de shíhou　　다 : 全 quán
···을 해주다 : 帮忙 bāngmáng

작문 刚上班的时候，做事全靠他帮忙。
Gāng shàngbān de shíhou, zuò shì quán kào tā bāngmáng.

1 '일을 해주다'는 '누구를 위하여'를 생각하여 '替···做事' 또는는 '帮···做事'라고 하는 것이 좋다.

- 나는 그 사람의 **일을 해주**고 싶지 않습니다.
  我不想**替**他**做事**。
  Wǒ bù xiǎng tì tā zuò shì.

- 그는 나를 위해 많은 **일을 했**습니다.
  他**帮**我**做**了不少事。
  Tā bāng wǒ zuò le bùshǎo shì.

2 '누가 일을 다해주었다'면 '전적으로 도움을 주어 일을 하게 했다'는 뜻이므로 '做事全靠他帮忙'라고 하며, 경우에 따라 다음과 같이 '적지 않이 도움을 주었다'로 표현하기도 한다.

- 제가 중국에 있는 동안 저에게 **많은 도움을 주셨**습니다.
  我在中国的那段时间里你**帮**了我**不少忙**。
  Wǒ zài Zhōngguó de nà duàn shíjiān li nǐ bāng le wǒ bùshǎo máng.

바로잡기

- 我成功**都他帮助**。(×)
  Wǒ chénggōng dōu tā bāngzhù.
- 我有今天**全靠他的帮助**。(○)
  Wǒ yǒu jīntiān quán kào tā de bāngzhù.

'내가 성공한 것은 모두(전적으로) 그의 도움에 힘입은 것이다'라는 의도를 표현하고자 한 비문으로서 '모두'와 '전적으로'를 잘 구별하지 못한 결과이다. 이 경우 역시 위에서 배운 '全靠···'라고 하는 것이 좋고, '我成功' 역시 '我有今天'으로 표현하는 것이 겸손한 마음을 전하는 데 효과적이다.

19 ···을 할 수 있게 되다
有机会···

오늘 당신을 뵐 수 있게 되어 반갑습니다.

단어 뵙다 : 见面 jiànmiàn　　반갑다 : 高兴 gāoxìng

작문 今天**有机会**和您见面，我感到很高兴。
Jīntiān yǒu jīhuì hé nín jiànmiàn, wǒ gǎndào hěn gāoxìng.

1 '~을 할 수 있다'는 '能···'이고, 상황이 그렇게 되었다면 그 뒤에 '了'를 붙여 '能···了'로 표현하면 되는데, 이보다 '무엇을 할 수 있게 되었다'는 것을 '~할 기회가 주어졌다'로 바꾸어 '有机会···'로 표현하는 것도 좋다.

- 만리장성에 오르게 **되었습니다**.
  现在**有机会**登上万里长城**了**。
  Xiànzài yǒu jīhuì dēng shang Wànlǐchángchéng le.

2 '~을 할 수 있게 되어 ~합니다' 이 경우 '~게 되어 ~'는 문장부호의 활용으로 쉽게 연결이 되는 것으로 일반적으로 쉼표(,)가 쓰인다.

바로잡기

- 以前我家的**生活不好**了。(×)
  Yǐqián wǒ jiā de shēnghuó bù hǎo le.
- 以前我家很**穷**。(○)
  Yǐqián wǒ jiā hěn qióng.

'了'는 상황의 변화를 나타내주는 것, '우리 집 살림 형편이 나빠졌다'는 뜻의 문장과 맨 앞에 자리한 부사어 '以前'과는 의미상 어울리지 않는다. '生活不好'는 '穷困' 또는 '穷'이라고 하는 것이 좋다.

20 ···하게 해주세요
请让我···

단어 귀사 : 贵公司 guì gōngsī   카탈로그 : 目录 mùlù

작문 **请让我**看看贵公司的商品目录。
Qǐng ràng wǒ kànkan guì gōngsī de shāngpǐn mùlù.

1 '~하여 주세요'는 '내가 ~을 하게 해주세요'로 뜻을 새겨 '请让我···'라고 하면 매우 공손한 표현이 된다.

- 실례합니다, 길을 좀 비켜주세요.

  劳驾，请让一让。
  Láojià, qǐng ràng yī ràng.

2 '看看···'으로만 말을 하면 아래와 같이 명령투의 말이 되므로 상대방을 불쾌하게 만들 수도 있다.

- 이리 내놔, **좀 보게**.

  拿来，我**看看**。
  Nálái, wǒ kànkan.

- 카탈로그 **좀 봅시다**.

  我**看看**商品目录。
  Wǒ kànkan shāngpǐn mùlù.

바로잡기

- 我想你们公司生产的一些机械的说明书。(×)
  Wǒ xiǎng nǐmen gōngsī shēngchǎn de yìxiē jīxiè de shuōmíng shū.
- 我想**要**一份贵公司机械产品的说明书。(○)
  Wǒ xiǎng yào yí fèn guì gōngsī jīxiè chǎnpǐn de shuōmíng shū.

이 비문에는 동사가 없다. 먼저 목적어 '你们公司生产的一些机械的说明书'가 명사형이라는 데 착안하여 동사 '要(갖다)'와 함께 수량사 '一份'을 보충 삽입하고 '你们公司'를 '贵公司'로, '贵公司生产的一些机械的'라는 다중 관형어를 '贵公司机械产品的'로 바꾸어 말하는 것이 바람직하다.

1 시장을 조사하러 중국에 갑니다.

→

2 며칠 전 왕선생의 입원 소식을 듣고 병문안을 다녀왔습니다.

→

3 그곳에 도착하는 즉시 연락을 드리도록 하겠습니다.

→

4 책을 보면서 친구를 기다렸습니다.

→

5 병가를 내어 잠시 휴식을 취할까 합니다.

→

6 결과에 대해서는 다음에 알려드리겠습니다.

→

7 중요한 사안에 대해서 상의를 드리려고 합니다.

→

8 보다 나은 해결책을 찾아보도록 합시다.

→

9 중국지사에서 근무할 수 있게 되길 바랍니다.

→

10 많은 도움을 주신 여러분들께 감사의 뜻을 전하고 싶습니다.

→

~도 좋고 …도 좋다
～也好，…也好

이래도 **좋고** 저래도 **좋습니다**.

단어 이렇다 : 这样 zhèyàng　　저렇다 : 那样 nàyàng

작문 这样**也好**, 那样**也好**。
Zhèyàng yě hǎo, nàyàng yě hǎo.

1 이는 상황에 구애됨 없이 모두 수용할 수 있다는 뜻으로 다음과 같이 표현하기도 한다.

● 어떻게 되든 상관없습니다.
不管怎么样都行。
Bùguǎn zěnmeyàng dōu xíng.

2 '也好'는 '也行', '也可以'로도 표현할 수 있다.

● 지금 가**도 좋고** 다음에 가**도 좋습니다**.
现在去**也行**, 下一次去**也行**。
Xiànzài qù yě xíng, xià yí cì qù yě xíng.

● 사셔**도 좋고** 구경만 하셔**도 좋습니다**.
你要买或者只想看看**都可以**。
Nǐ yào mǎi huòzhě zhǐ xiǎng kànkan dōu kěyǐ.

바로잡기

• 我**上班的时**坐地铁, 坐公共汽车。(×)
Wǒ shàngbān de shí zuò dìtiě, zuò gōnggòngqìchē.

• 我**上班的时候**坐地铁或者坐公共汽车。(○)
Wǒ shàngbān de shíhou zuò dìtiě huòzhě gōnggòngqìchē.

'…할 때'는 '…的时候'나 '…时'(문어체)라고 한다. 오류의 빈도로 보면 '…的时'로 써서 틀리는 경우가 상당히 많은 만큼 주의를 요한다. 이 경우 '坐地铁, 坐公共汽车' 사이의 쉼표 대신에 '或者'를 사용하여 '坐地铁或者坐公共汽车'라고 할 수 있다. 그리고 다음과 같이 표현해도 좋다.

• 我上班的时候可以坐地铁, 也可以坐公共汽车。
Wǒ shàngbān de shíhou kěyǐ zuò dìtiě, yě kěyǐ zuò gōnggòngqìchē.

• 我有的时候坐地铁上班, 有的时候坐公共汽车上班。
Wǒ yǒudeshíhou zuò dìtiě shàngbān, yǒudeshíhou zuò gōnggòngqìchē shàngbān.

22 …한 것 같다
好像… ①

남대문시장은 항상 복잡**한 것 같아요.**

단어 시장 : 市场 shìchǎng   항상 : 总是 zǒngshì   붐비다 : 拥挤 yōngjǐ

작문 南大门市场**好像**总是这么拥挤。
Nándàmén shìchǎng hǎoxiàng zǒngshì zhème yōngjǐ.

1 '好像…'은 눈앞에 보이는 광경이 무엇과 닮았다는 의미 외에 추측의 의미로 쓰일 수 있다.

- 그 사람은 화가 대단히 난 **것 같아요.**
  那个人**好像**很生气。
  Nà ge rén hǎoxiàng hěn shēngqì.

- 그 사람은 오지 못할 **것 같습니다.**
  那个人**好像**不能来了。
  Nà ge rén hǎoxiàng bù néng lái le.

2 '복잡하다'는 '붐비다'로 바꿔 표현하여 '拥挤'라고 하는 것이 좋다.

- 백화점은 늘 사람들로 **붐빕니다.**
  百货商店总是人多**拥挤**。
  Bǎihuòshāngdiàn zǒngshì rén duō yōngjǐ.

바로잡기

- 车站里总是**多人**。(×)
  Chēzhàn li zǒngshì duō rén.
- 车站里总是**人多**(很拥挤)。(○)
  Chēzhàn li zǒngshì rén duō (hěn yōngjǐ).

중국어는 어순이 매우 중요한 어법 수단으로서 순서의 바뀜은 오류나 의미 변화의 직접적인 이유로 작용한다.

多人来访 → 많은 사람이 찾아오다
duō rén láifǎng

人多不好 → 사람이 많으면 나쁘다
rén duō bù hǎo

···해 보이다
好像··· ②

오늘은 기분이 좋아 보이는군요.

단어 기분이 좋다 : 开心 kāixīn

작문 你今天**好像**挺开心似的。
Nǐ jīntiān hǎoxiàng tǐng kāixīn shì de.

1 '기분이 좋다'는 여러 가지 표현이 가능한데, '高兴'이나 '快乐'를 써서 표현할 수도 있다.

- 당신과 같은 좋은 친구를 만나게 되어 **기분이 좋습니다.**
  能够见到你这样好的朋友, 我很**高兴**。
  Nénggòu jiàndào nǐ zhèyàng hǎo de péngyou, wǒ hěn gāoxìng.

- 침울해 보이는데 무슨 일이라도 있습니까?
  你怎么闷闷不乐呢？
  Nǐ zěnme mènmèn bú lè ne?

2 '很'과 같은 부사는 '매우'라는 본래의 의미는 사라지고 음절을 맞추는 수사적 역할만 하기도 하는데 '꽤'라든지 '아주'를 쓸 필요가 있을 경우 '挺', '非常'을 사용할 수 있다.

- 저는 중국인들과 사귀기를 **아주** 좋아합니다.
  我**非常**喜欢跟中国人交往。
  Wǒ fēicháng xǐhuan gēn Zhōngguórén jiāowǎng.

바로잡기

- 他们的**心情很高兴**。(×)
  Tāmen de xīnqíng hěn gāoxìng.
- 看来, 他们都**很高兴**。(○)
  Kànlái, tāmen dōu hěn gāoxìng.

'心情'을 쓸 경우 '好 / 不好'를 술어로 사용하여 다음과 같이 표현한다.

오늘 기분이 좋지 않으니 귀찮게 굴지 마시오.
我今天心情不太好, 你不要缠我。

남의 기분이 어떠한가는 주로 관찰을 통하여 알게 되는 것으로 '看来'와 같은 부사를 사용하여 보기에 어떻다고 표현한다.

24 왜 이리 … 한지
怎么这么…

단어 모르겠다 : 不知 bùzhi   요즘 : 近来 jìnlái   피곤하다 : 累 lèi

작문 不知近来怎么这么累。
Bùzhī jìnlái zěnme zhème lèi.

1 '왜 … 한지'를 표현하려고 할 때 제일 먼저 떠오르는 것이 '왜'라는 의미의 '为什么'일 것이다. 물론 이것도 가능하지만 '어찌하여'와 '이리도'가 결합된 표현 '怎么这么'를 써 보는 것도 좋을 것이다.

● 그는 **왜 이렇게** 늦도록 오지 않는 것일까?
他**为什么这么**晚还不来。
Tā wèishénme zhème wǎn hái bù lái?

● 그는 **왜 이렇게** 시간 약속을 지키지 않는 것인지?
他**怎么这么**不守时。
Tā zěnme zhème bù shǒu shí.

2 '요즘'은 '近来' 외에도 '这几天'이라고 할 수도 있다.

● 그는 **요즘** 회사일로 무척 바쁘답니다.
听说, 他**这几天**忙着办公司的业务。
Tīngshuō, tā zhè jǐ tiān máng zhe bàn gōngsī de yèwù.

바로잡기

• 我不知道釜山的**近况如何**？（×）
Wǒ bùzhīdào Fǔshān de jìnkuàng rúhé?

• 我不知道釜山**近来怎么样**？（○）
Wǒ bùzhīdào Fǔshān jìnlái zěnmeyàng?

'近况' 특히 '他的近况'처럼 쓰였을 경우 주로 어떤 사람의 요즘 상황이라는 뜻이 된다. 여기에서처럼 특정 지역에 대한 궁금증은 '近来怎么样'이라고 하면 된다.

C 상황 1

25 요즘 …하다
最近一直…

나는 **요즘** 잠을 잘 자지 못**합니다**.

단어 요즘 : 最近 zuìjìn　잠자다 : 睡觉 shuìjiào

작문 **最近**我**一直**睡不好。
Zuìjìn wǒ yìzhí shuìbuhǎo.

1 '요즘'이라고 하면 어떤 상황이 지속되고 있다는 의미로 볼 수도 있는데 여기에 '一直'를 붙이면 그 뜻을 더욱 명확히 할 수 있다.

- **요즘** 나는 이 문제를 궁리**하고 있습니다**.
  最近我**一直**在想这个问题。
  Zuìjìn wǒ yìzhí zài xiǎng zhè ge wèntí.

2 '잠을 자지 못하다'는 술어에 가능보어 형식을 붙여 '睡不好'라고 한다. 그리고 '…을 하지 못하다'는 여러 상황을 나타낼 수 있는데, 여건이 허락하지 않을 경우 '…不了', 능력이 부족하면 '…不起' 등으로 표현된다.

- 나는 중국에 **갈 수 없**게 되었습니다.
  我**去不了**中国了。
  Wǒ qùbuliǎo Zhōngguó le.

- 나는 비행기표를 **살 수 없습니다**.
  我**买不起**机票。
  Wǒ mǎibuqǐ jīpiào.

바로잡기

- 最近我的工作一直都很忙，**没有给你写回信了**。（×）
  Zuìjìn wǒ de gōngzuò yìzhí dōu hěn máng, méiyǒu gěi nǐ xiě huíxìn le.
- 近来我很忙，所以**没有给你写回信**。（○）
  Jìnlái wǒ hěn máng, suǒyǐ méiyǒu gěi nǐ xiě huíxìn.

이 비문에는 인과관계를 나타내는 접속사 '所以'를 사이에 붙이면 의미가 명확해진다. 그리고 '了'는 실현된 사실을 의미하는 조사로서 실현되지 않은 문장에는 쓰지 말아야 한다.

 **26**

···할 시간이 없다
没空···

전화 걸 시간이 없었습니다.

단어 전화걸다 : 打电话 dǎ diànhuà   시간 : 时间 shíjiān, 空 kòng

작문 那时我没空打电话。
Nàshí wǒ méi kòng dǎ diànhuà.

1 '··· 할 시간이 없다'는 '··· 할 여유가 없다'로 볼 수도 있는데, 이 때 유념해야 할 것은 '여유'를 시간과 경제여건으로 해석할 수 있는 만큼 그 표현도 달리해야 한다.

- 지금은 그 일을 할 **여유가 없습니다.**
  现在我没有时间去做那件事。
  Xiànzài wǒ méiyǒu shíjiān qù zuò nà jiàn shì.

- 너무 가난하다 보니 대학에 갈 **여유가 없습니다.**
  因为太穷了, 所以没有钱念大学。
  Yīnwèi tài qióng le, suǒyǐ méiyǒu qián niàn dàxué.

2 우리말에서 '없었습니다'는 '없다'의 과거형으로서 어미의 변화로 지난 시간에 대하여 서술하지만, 중국어에서는 시간에 관계된 부사로 표현한다.

- 나에게는 돈이 한푼도 **없었습니다.**
  当时我一分钱也没有。
  Dāngshí wǒ yì fēn qián yě méiyǒu.

- 그는 성실한 사람**이었습니다.**
  他曾经是一个诚实的人。
  Tā céngjīng shì yí ge chéngshí de rén.

바로잡기

- 在身边好多事情发生, 所以不去见你。(×)
  Zài shēnbiān hǎo duō shìqíng fāshēng, suǒyǐ bú qù jiàn nǐ.
- 好多事情发生在身边, 所以没有时间去见你。(○)
  Hǎo duō shìqíng fāshēng zài shēnbiān, suǒyǐ méiyǒu shíjiān qù jiàn nǐ.

'신변에 아주 많은 일들이 생겼다'고 할 때 주어를 '好多事情'이라고 하면 '发生'이 술어이며 그 뒤에 보어 '在身边'이 와야 한다. 그래서, 만나러 갈 수 없다면 '没有时间去见你', 또는 '不能去见你了(만나러 갈 수 없게 되었다)라고 써야 한다.

27 ~는 …하고, ~도 …하다
~, ~都…

부모님도 안녕하시고, 동생들도 잘 있습니다.

단어 부모님 : 父母亲 fùmǔqīn　　동생들 : 弟弟妹妹 dìdimèimei

작문 爸爸, 妈妈, 弟弟, 妹妹都很好。
Bàba, māma, dìdi, mèimei dōu hěn hǎo.

1 우리말에서 '부모님'이라고 말할 때와 '부모'라고 할 때는 용법이나 의미상 구별이 된다. 중국어에서도 역시 다음과 같은 차이를 보인다.

- 사람은 반드시 **부모**를 공경할 줄 알아야 합니다.
  一个人必须懂得孝顺**父母**。
  Yí ge rén bìxū dǒng de xiàoshùn fùmǔ.

- **부모님** 곁을 떠나 서울에 온 지도 1년이 되었군요.
  离开**父母亲**来到汉城已有一年了。
  Líkāi fùmǔqīn lái dào Hànchéng yǐ yǒu yì nián le.

2 '很好'는 아주 광범위하게 쓰이는 표현인 만큼 여러 가지 의미를 갖는다.

- 저는 **잘 있습니다.** → 我**很好**。
  Wǒ hěn hǎo.

- 그는 **참 착하다.** → 他**很好**。
  Tā hěn hǎo.

- 이 기계는 **성능이 좋습니다.** → 这台机器**很好**(用)。
  Zhè tái jīqì hěn hǎo(yòng).

바로잡기

- 请代问你**全家里好**。(×)
  Qǐng dài wèn nǐ quán jiā li hǎo.
- 请代问你**全家人好**。(○)
  Qǐng dài wèn nǐ quán jiā rén hǎo.

'全家里'는 全家(온 집안)와 家里(집안에)가 섞인 것으로 '全家人'이라고 해야 한다. 그리고 이 문장은 '请代我问候府上各位(댁내 모든 분들께 안부 전해 주십시오).'로 말해도 좋다.

…에 대해서 전혀 모르다

对…一无所知

단어 미국 : 美国 Měiguó　하나도 아는 것이 없다 : 一无所知 yìwúsuǒzhī

작문 我对美国一无所知。
Wǒ duì Měiguó yìwúsuǒzhī.

1 '一无所知'는 '아는 것이 전혀 없다'는 성어로 다음과 같이 '不知道' 앞에
수식 성분을 덧붙여 표현할 수 있다.

- 그가 왜 나를 미워하는지 **전혀 모르겠어요.**

  我**根本不知道**他为什么讨厌我。
  Wǒ gēnběn bùzhīdào tā wèishénme tǎoyàn wǒ.

- 나는 그가 왜 너를 미워하는지 **전혀 모르겠다.**

  我**一点儿也不知道**他为什么讨厌你。
  Wǒ yìdiǎnr yě bùzhīdào tā wèishénme tǎoyàn nǐ.

2 '…에 대해서'라고 하면 위에서 보듯 '对…'로 대응해도 좋지만 중국어의 기
본 어순 'S V O'로 만들어 보는 것도 중요하다.

- 나는 수출에 대해 잘 알고 있습니다.

  我很熟悉出口业务。
  Wǒ hěn shúxī chūkǒu yèwù.

- 나는 중국어의 보어에 대해서는 아는 것이 별로 없습니다.

  我不太了解汉语的补语。
  Wǒ bú tài liǎojiě Hànyǔ de bǔyǔ.

바로잡기

- 我总是**不满足对**我的生活。(×)
  Wǒ zǒngshì bù mǎnzú duì wǒ de shēnghuó.

- 我总是**对**自己生活**感到不满**。(〇)
  Wǒ zǒngshì duì zìjǐ shēnghuó gǎndào bùmǎn.

'满足'를 동사로 쓴다면 그 뒤에는 명사성 목적어 '我的生活'가 와야 한다. 그러나 이는
'내 생활의 필요를 충족시키다'는 뜻으로도 해석이 되는 만큼 '만족'이라는 한자어와 중국
어의 '满足(충족시키다)'이 그대로 대응되지 않는다는 점을 생각해야 한다.

…해졌다
比以前…了

물건값이 비싸졌군요.

단어 물건 : 东西 dōngxi   예전 : 以前 yǐqián   비싸다 : 贵 guì

작문 东西**比以前**贵**了**。
Dōngxi bǐ yǐqián guì le.

1 '…해졌다'라고 할 때 우리말은 어미의 변화로 '비교의 시제'를 함축할 수도 있는데 중국어는 술어 앞에 '比…'라는 부사어와 함께 문장 끝에 조사 '了'를 붙여야 한다.

- 사다리가 **짧아졌습니다.**
  梯子**比以前**短**了**。
  Tīzi bǐ yǐqián duǎn le.

- 그의 키는 **이제 누구보다도 큽니다.**
  他的个子**比**谁都高**了**。
  Tā de gèzi bǐ shéi dōu gāo le.

2 '…해졌다'에 '더욱'이라는 의미를 첨가하여 다음과 같이 표현할 수 있다.

- 대기 오염이 **더욱 심해졌습니다.**
  空气污染**比以前更**严重**了**。
  Kōngqì wūrán bǐ yǐqián gèng yánzhòng le

- 소장은 소리**보다 훨씬** 믿음직**스럽습니다.**
  小张**比**小李可靠**得多了**。
  Xiǎo Zhāng bǐ Xiǎo Lǐ kěkào de duō le.

바로잡기

- 人们认为精神文化比物质文明更**贵**。（×）
  Rénmén rènwéi jīngshén wénhuà bǐ wùzhì wénmíng gèng guì.
- 人们认为精神文化比物质文明更**宝贵**。（○）
  Rénmén rènwéi jīngshén wénhuà bǐ wùzhì wénmíng gèng bǎoguì.

이것은 '정신이 물질에 앞선다'는 뜻으로 지은 문장인데 술어로 '贵'를 사용하였다. '贵'는 '가격이 비싸다'는 뜻이라서 여기에 어울리지 않는 표현이므로 '귀하다'는 뜻으로 '宝贵'를 써야 한다.

30. …을 하느라 정신이 없다
为了…忙得不可开交

> **그 사람은 고객을 접대하느라 정신이 없어요.**

단어 고객 : 客户 kèhù　　접대 : 接待 jiēdài

작문 他**为了**接待客户**忙得不可开交**。
Tā wèile jiēdài kèhù máng de bùkě kāijiāo.

1 '为了…忙得…'를 서면어에서는 흔히 '忙于…'로 표현하는데, 이것은 술어에 개사를 붙여 전체가 동사의 역할을 하도록 하는 방법이다.

- 그는 지금 준비작업**으로 바쁘다**.

  他现在**忙于**准备工作。
  Tā xiànzài mángyú zhǔnbèi gōngzuò.

2 '~하느라 … 할 수 없었다'는 어떠한 상황으로 인하여 어떤 결과가 나왔다는 것으로 '~, 忙得(… 보어)'의 형식을 취한다.

- 나는 숙제**를 하느라** 밥 먹는 것**도 잊었다**.

  我写作业, **忙得连**饭**都忘了**吃了。
  Wǒ xiě zuòyè, máng de lián fàn dōu wàng le chī le.

바로잡기

- 我的中文的能力**还不够**。(×)
  Wǒ de Zhōngwén de nénglì hái bú gòu.
- 我的汉语实力**还不够雄厚**。(○)
  Wǒ de Hànyǔ shílì hái bú gòu xiónghòu.

'中文的能力'는 '汉语实力'라고 해야 하고, '不够'는 '不足'와 의미는 같지만 '不够' 뒤에는 흔히 형용사(雄厚, 好)를 보어를 취한다. 그리고 이 문장은 '我汉语说得还不够好.'나 '我的汉语还差得远.'이라고 해도 좋다.

1 상황이 우리에게 다소 불리하더라도 개의치 않습니다.

→ ....

2 이곳의 상황이 생각했던 것보다 복잡한 것 같군요?

→ ....

3 상대방은 우리가 약속을 지키지 못한 것에 대하여 불쾌해하고 있습니다.

→ ....

4 타지에서 당신과 같은 사람을 만나게 되어 매우 즐겁습니다.

→ ....

5 요즘은 일에 시달려 피곤한지도 모르고 삽니다.

→ ....

6 중국에 진출하려고 했던 계획이 취소되었습니다.

→ ....

7 성수기라 비행기표를 예약하는 데 애로가 많습니다.

→ ....

8 깜박 잊고 전화를 드리지 못했습니다.

→ ....

9 이대창 씨는 성실한 사람으로 정평이 나 있습니다.

→ ....

10 이곳의 식구들은 모두 잘 있습니다.

→ ....

C 상황 1

31

…하기가 어렵다

很难…

> **이제는 계획을 바꾸기가 어렵습니다.**

단어 계획 : 计划 jìhuà　　바꾸다 : 改变 gǎibiàn

작문 现在已经**很难**改变计划了。
Xiànzài yǐjīng hěn nán gǎibiàn jìhuà le.

1 '어렵다'라고 할 때 '容易'의 부정 형식 '不容易'를 써서 문장을 만들기도 한다.

- 그 분을 만나기가 정말 **어렵습니다.**

　真**不容易**见到他。
　Zhēn bù róngyì jiàndào tā.

2 이제는 돌이킬 수 없는 상황이 되었다고 할 때 '已经…了'를 사용하여 다음과 같이 표현할 수 있다.

- 그는 **이미** 떠났습니다.

　他**已经**走了。
　Tā yǐjīng zǒu le.

바로잡기

- 我过日子过得**很难**。(×)
　Wǒ guò rìzi guò de hěn nán.
- 我日子过得很**艰苦**。(○)
　Wǒ rìzi guò de hěn jiānkǔ.

'难'은 형용사로서 주로 어떠하기가 어렵다, 곤란하다는 뜻으로 '难懂(이해하기 어렵다)', '难办(처리하기 곤란하다)' 등과 같이 술보의 형태로 쓰인다. 이 비문에서와 같이 '难'이 보어가 될 때 보다 구체적으로 '艰难'이나 '艰苦'로 표현하는 것이 좋다.

32 ~만 …이 있다
只有~有…

> **이 건물에만 엘리베이터가 설치되어 있습니다.**

단어 건물 : 楼 lóu　엘리베이터 : 电梯 diàntī
설치 : 安装 ānzhuāng, 装设 zhuāngshè

작문 **只有**这栋楼**有**电梯。
Zhǐyǒu zhè dòng lóu yǒu diàntī.

1 '只有'는 '唯有'라는 다소 서면적인 표현이 많이 쓰이며 그 뒤에 '才'가 호응하며 함께 쓰인다.

- **오로지** 당신**만이** 나를 진정으로 이해하는 친구입니다.
  唯有你**才**是真正了解我的朋友。
  Wéiyǒu nǐ cái shì zhēnzhèng liǎojiě wǒ de péngyou.

2 '설치되어 있다'는 단어에서 보듯 '安装 / 装设'라는 표현도 있지만 간단히 '有…'라고 하면 된다.

- 이 단체는 기획부와 봉사부로 **구성되어 있습니다**.
  这个团体**有**策划和服务等两个部。
  Zhè ge tuántǐ yǒu cèhuà hé fúwù děng liǎng ge bù.

바로잡기

- 这个心情只是在外国**能觉得**。(×)
  Zhè ge xīnqíng zhǐ shì zài wàiguó néng juéde.
- 这种心情只有在国外才**感觉得到**。(○)
  Zhè zhǒng xīngqíng zhǐyǒu zài guówài cái gǎnjué de dào.

여기서 말하는 '心情'은 여러 가지 느낌 가운데 하나이므로 '这种'이라고 해야 한다. 다음은 '只是(단지 … 일 뿐이다)'와 '只有(오로지)'의 구분인데, 이는 형태상, 내용상의 유사성으로 혼동하기 쉬운 것이니 만큼 유념하여야 한다.
'觉得'는 동사로서 그 뒤에 목적어가 따라 와야 한다. 이 문장에서는 술어를 '感觉'라고 하고 느낌이 와 닿는다는 의미로 가능을 표시하는 보어의 형식을 취하여 '感觉得到'라고 해야 한다.

33

…이 미덥지 않다
…不可靠

값이 싸기는 하지만 품질이 미덥지 않군요.

단어 싸다 : 便宜 piányi   품질 : 质量 zhìliàng   미덥다 : 可靠 kěkào

작문 便宜是便宜，就是质量**不可靠**。
Piányi shì piányi, jiùshì zhìliàng bù kěkào.

1 '…하기는 하지만'는 '…是…'의 형식으로 '就是'와 호응하며 쓰인다.

● 모양이 좋**기는 하지만** 튼튼하지가 않아요.
好看**是**好看，**就是**不怎么结实。
Hǎokàn shì hǎokàn, jiùshì bù zěnme jiēshi.

2 '…이 미덥지 않다'고 할 때 '不知怎么样'으로 완곡하게 의구심을 표현할 수도 있다. 그리고 어떤 제품을 말할 때 '东西'라고도 한다.

● 이 제품은 좀 **미덥지 않습니다.**
不知这个**东西怎么样**？
Bùzhī zhè ge dōngxi zěnmeyàng.

바로잡기

- 这个相机好，但是价格贵不贵？（×）
Zhè ge xiàngjī hǎo, dànshì jiàgé guì bu guì?
- 这个相机很好，不知价钱怎么样？（○）
Zhè ge xiàngjī hěn hǎo, bùzhī jiàqián zěnmeyàng?

이 '这个相机好'라고 할 경우 그 이면에 '那个相机不好'라는 비교의 의미가 내포되어 있다. 그러므로 부사 '很'을 붙여 '很好'라고 해야 한다. 그리고 '但是'는 ','로 바꿀 수 있다. 그리고 '价格'는 '价钱'이라고 하는 것이 좋다.

~하는 게 …하지 않을까
~是不是会…

> ### 이 시간에는 고가도로로 가는 게 빠르지 않을까요?

단어 고가도로 : 高架路 gāojiàlù   빠르다 : 快 kuài

작문 这个时候走高架路**是不是会**快一点儿？
Zhè ge shíhou zǒu gāojiàlù shì bu shì huì kuài yìdiǎnr?

1 '시간'은 여기에서 '시간대(时段)'를 말하는 것이므로 '时候'로 표현하는 것이 좋다.

- 이 **시간**에는 항상 전화 받기에 바쁩니다.

  每天这个**时候**总是忙着听电话。
  Měitiān zhè ge shíhou zǒngshì máng zhe tīng diànhuà.

2 '차라리 …하는 것이 더 낫다(与其…不如…)'라고 할 경우 어기가 너무 강하므로 상대방을 배려하는 차원에서 '是不是会…'로 완곡하게 말하는 것이 좋다.

- 남과 함께 가**느니 차라리** 혼자 가는 **것이 더 낫습니다**.

  与其与人同行，**不如**自己去！
  Yǔqí yǔ rén tóngxíng, bùrú zìjǐ qù!

- 제가 혼자 가는 **것이 좋지 않을까요**?

  我自己去**是不是会**好一些？
  Wǒ zìjǐ qù shì bu shì huì hǎo yìxiē?

바로잡기

- 我**还没懂**中文**一点儿**。(×)
  Wǒ hái méi dǒng Zhōngwén yìdiǎnr.
- 我**还不会说**中国话。(○)
  Wǒ hái bú huì shuō Zhōngguóhuà.

동사(懂)와 목적어(中文) 사이에 '一点儿'를 삽입하면 '중국어를 조금 한다'는 뜻이 되는데, 그 앞의 '还没(아직 …하지 않았다)'와 의미상 연결되지 않으므로 비문이라 하겠다. 이 경우 '还不会(아직 …를 할 줄 모른다)' 뒤에 '说中国话'를 목적어로 붙여 말해야 한다. 아니면 원래의 의도 즉 '조금도 못한다'는 뜻으로 '我一句中国话也不会说.'라고 하는 것이 좋겠다.

35 …하니 정말 다행이다
幸亏…

얼굴이 좋아 보이니 정말 다행입니다.

단어 얼굴 : 脸 liǎn, 气色 qìsè   다행 : 幸亏 xìngkuī

작문 **幸亏**你的气色还挺好的。
Xìngkuī nǐ de qìsè hái tǐng hǎo de.

1 '얼굴'은 보통 '脸'이라고 하는데, '안색'이라고 하면 '气色(병자에 대하여)' 또는 '脸色(화가 난 사람에 대하여)' 등으로 표현할 수 있다. 그리고 '看脸色'는 '눈치를 본다'는 뜻으로 쓰인다.

- **눈치를 보아하니** 그는 허락하지 않을 것 같아요.

  看他的**脸色**不怎么好, 恐怕不会允许我们。
  Kàn tā de liǎnsè bù zěnme hǎo, kǒngpà búhuì yǔnxǔ wǒmen.

2 재난성 사건으로부터 살아남았다면 비록 어느 정도의 손실이 있었더라도 정말 다행이라고 할 수 있을 것이다.

- 경제적인 손실 외에 모두 무사하다니 정말 **불행중 다행**입니다.

  除了经济上的损失之外, 家人能够安然无恙, 真是**不幸中的大幸**。
  Chúle jīngjì shàng de sǔnshī zhīwài, jiārén nénggòu ānránwúyàng, zhēnshì búxìng zhōng de dàxìng.

바로잡기

- 我看你的颜色**一点儿**惨白。(×)
  Wǒ kàn nǐ de yánsè yìdiǎnr cǎnbái.
- 我看你的脸色**有点儿**惨白。(○)
  Wǒ kàn nǐ de liǎnsè yǒudiǎnr cǎnbái.

'一点儿'는 보통 형용사 뒤에 보어로 쓰이므로 '惨白一点儿' 또는 '有点惨白'라고 해야 할 것이다. 그리고 안색은 颜色이 아니라 脸色이라고 해야 한다.

36 보아하니 …할 것 같다
看来要…了

날이 흐린 것을 보니 비가 올 것 같아요.

단어 날(씨) : 天气 tiānqì, 天色 tiānsè　　흐리다 : 阴 yīn, 阴沉 yīnchén

작문 天色阴沉，看来要下雨了。
Tiānsè yīnchén, kànlái yào xiàyǔ le.

1 '… 해 보인다' 역시 '看来'를 사용한다.

- 그는 매우 신중**해 보인다.**

  看来他很谨慎。
  Kànlái tā hěn jǐnshèn.

2 중작문을 할 때 의미 중심으로 어떻게 문장을 끊어 연결하느냐도 매우 중요한 대목이다.

날이 흐린 것을 보니 비가 올 것 같다.

(날이 흐리다 / 이것을 보니 / 비가 올 것 같다.)

天色阴沉，　看来　　　要下雨了。

바로잡기

- 看起来，他很少。(×)
  Kànqǐlai, tā hěn shǎo.
- 看起来，他年纪还小。(○)
  Kànqǐlai, tā niánjì hái xiǎo.

'少'는 '적다'와 '어리다' 등 두 가지 뜻으로 사용되지만 '그는 아주 어리다'라고 할 때에는 나이(年纪)가 적다는 뜻의 '小'를 주로 사용한다. 그러나 '他很小'라고 한다면 키가 작다는 것인지 어리다는 것인지 뜻이 명확하지 않으므로 '他年纪还小(그는 나이가 아직 어리다)'라고 한다.

37

~에는 …가 있다
~有…

> ### 시청 앞에는 분수대가 있습니다.

단어 시청 : 市政府 shìzhèngfǔ   분수대 : 喷水池 pēnshuǐchí

작문 市政府前面**有**喷水池。
Shìzhèngfǔ qiánmiàn yǒu pēnshuǐchí.

1 '有' 역시 광범위하게 사용이 많은 동사이다. 이에 대한 부정은 '没'를 쓴다.

- 나는 비록 가진 것은 없지만, 이상**이 있습니다.**

  虽然我没有钱财，但是我**有**理想。
  Suīrán wǒ méiyǒu qiáncái, dànshì wǒ yǒu lǐxiǎng.

2 존재에 대한 표현으로 '是'와 '在'를 활용할 수 있다.

- 눈앞에는 푸른 바다가 펼쳐져 **있습니다.**

  眼前**是**蔚蓝的大海。
  Yǎnqián shì wèilán de dàhǎi.

- 북한산은 서울 동북방에 **있습니다.**

  北汉山**在**汉城东北部。
  Běihànshān zài Hànchéng dōngběibù.

바로잡기

- 湖右边**在**公园。（×）
  Hú yòubiān zài gōngyuán.

- 湖的右边**是**公园。（○）
  Hú de yòubiān shì gōngyuán.

이 비문은 우리말 어순 그대로 '在(… 에 있다)'를 '… 이 있다'로 오인하여 만들어진 것이다. '在' 대신 '是'를 사용하여 표현하든지, '公园在湖的右边'이라고 해야 된다.

38 ···한다니 좋겠다
听说你要···, 多好啊!

여행을 떠나신다니 좋겠습니다.

단어 ㄴ다니 : 听说要··· tīngshuō yào···

작문 听说你要去旅行, 多好啊!
Tīngshuō nǐ yào qù lǚxíng, duō hǎo a!

1 '좋겠다'는 부러움의 느낌을 가지고 '얼마나 좋을까 / 多好啊'로 표현된다. 또 '얼마나 좋은 ···인데'의 경우 '··· 多好'로 표현한다.

- 얼마나 좋은 기회인데 왜 포기하세요?
  机会多好, 为什么抛弃呢?
  Jīhuì duō hǎo, wèishénme pāoqì ne?

2 남을 배려하고 축복하는 의미로는 '(那)太好了'를 쓴다.

- 취업을 하셨다고요, 정말 좋겠습니다.
  你说找到工作了, 太好了!
  Nǐ shuō zhǎo dào gōngzuò le, tài hǎo le!

바로잡기

- 他的第一次目标是买车。(×)
  Tā de dìyīcì mùbiāo shì mǎi chē.
- 听说他的最大的目标是买一辆汽车。(○)
  Tīngshuō tā de zuìdà de mùbiāo shì mǎi yí liàng qìchē.

'제일차적'이라고 하면 우선순위상 가장 중요한 것, 최대의 것이라는 뜻인데, '第一次'는 서수적 의미로 '처음, 첫번째'라는 뜻으로 여기에는 어울리지 않으므로 '最大'를 쓰는 것이 적절하다. 그리고 이 비문이 함축하고 있는 내용에 근거하여 보충할 필요가 있는데, 이 내용이 나 자신에 관한 것이 아닌 이상 들어서 알게 된 얘기가 분명하므로 '听说'를 문장 맨 앞에 붙이고 중국어의 수량사 사용법에 따라 '一辆'을 자동차 앞에 삽입하는 것이 좋다.

39 ···를 우연히 만나다
碰见···

단어 우연히 만나다 : 碰见 pèngjiàn

작문 我碰见了一个朋友。
Wǒ pèngjiàn le yí ge péngyou.

1 '偶然'이라는 형용사와 명사 '机会'로 수식구를 만들어 '偶然的机会'라고 하면 우리말과 비슷하게 표현할 수도 있다.

- 나는 **우연히** 그 사람을 알게 되었습니다.
  我在一个**偶然的机会**见到了那个人。
  Wǒ zài yí ge ǒurán de jīhuì jiàndao le nà ge rén.

2 '가끔'이라는 뜻으로 쓰이는 '偶尔'이 있는데 유사한 형태로 인하여 오용되는 경우가 있으므로 살펴볼 필요가 있다.

- 나는 **가끔** 전화로 그에게 안부를 전합니다.
  我**偶尔**打电话向他问好。
  Wǒ ǒu'er dǎ diànhuà xiàng tā wèn hǎo.

바로잡기

- 我在街上见了一个老朋友。(×)
  Wǒ zài jiēshang jiàn le yí ge lǎo péngyou.
- 我在街上碰见了一个老朋友。(○)
  Wǒ zài jiēshang pèngjiàn le yí ge lǎo péngyou.

'见了'는 일반적 약속을 하고 만났을 경우 사용하는데, 이 문장의 의도로 보아 거리를 약속 장소로 정하여 만난 것이 아니라 거리에서 우연히 만났다는 것이다. 그렇다면 '碰见'이라고 해야 한다.

40 많이 …하다
…了很久

단어 이야기를 나누다 : 谈 tán

작문 我们谈了很久。
Wǒmen tán le hěn jiǔ.

1 '이야기를 많이 나누었다'라고 하면 양적으로 많다는 데 착안하여 '多'라고 할 수 있겠으나 사실은 시간의 길이라는 개념으로 '久'를 사용하는 것이 좋다.

- 이 문제로 그와 **많은 얘기를 하였습니다.**
  针对这个问题和他谈了很久。
  Zhēnduì zhè ge wèntí hé tā tán le hěn jiǔ.

2 '양'이나 '내용'에 착안하여 말한다면 다음과 같이 표현할 수 있다.

- 우리는 만나면 **이런저런 얘기를 많이 나눕니다.**
  我们见了面就无所不谈。
  Wǒmen jiàn le miàn jiù wúsuǒbùtán.

바로잡기

- 我们多长时间玩儿玩儿。(×)
  Wǒmen duōcháng shíjiān wánr wánr.
- 我们玩了很久。(○)
  Wǒmen wán le hěn jiǔ.

이 비문의 의도를 살펴보면 '우리는 한참 놀았다'는 뜻인데 '아주 오랫동안'을 '多长时间(기간이 얼마나 되나?)'로 대응하였고 불필요한 동사의 중첩형으로 오류를 범하였다. 이 경우 '玩儿'을 술어의 위치에 놓고 그 뒤에 보어로 '很久'나 '好几个小时' 또는 보다 더 구체적인 시간을 나타내는 '一个小时', '一夜', '一整天'을 붙이는 것이 좋다.

1 주중에서 시간을 내기가 곤란합니다.

→

2 이선생은 항상 바쁜 관계로 만나기가 정말 어렵습니다.

→

3 이런 제품은 우리 공장에서만 생산이 되고 있지요.

→

4 우리 회사에서는 무역부가 가장 규모가 큽니다.

→

5 가격이 문제가 아니라 품질에 더 관심을 가져야 합니다.

→

6 포장은 좋아보이는데 내용이 부실하군요.

→

7 오후에는 항상 회사에 있습니다.

→

8 무역회관은 북서쪽에 위치하고 있습니다.

→

9 우리는 우연히 알게 된 사이지만 서로에 대하여 신뢰감을 갖고 있습니다.

→

10 이 문제로 당신을 뵙고자 합니다. 시간을 내어주시겠습니까?

→

···하지 않겠다
不想···了

단어 노래하다 : 唱歌 chàng gē

작문 我**不想**唱歌**了**。
Wǒ bù xiǎng chàng gē le.

1 '···을 해야겠다, ···을 하고 싶다'라는 의지를 표명할 때 조동사 '想'를 동사 앞에 붙여 '我想唱歌'처럼 표현하는데, 이것의 부정형식은 부정부사 '不'를 '想' 앞에 써주면 된다. 그러나 일반적으로는 '会'나 '愿意' 등 다른 조동사를 사용하여 '想'를 대신하기도 한다.

- 나는 무대에 올라가 노래를 부르지 **않을 것입니다**.
  我**不会**上台唱歌。
  Wǒ bú huì shàngtái chàng gē.

- 나는 그와 함께 있고 **싶지 않습니다**.
  我**不愿意**和他在一起。
  Wǒ bú yuànyi hé tā zài yìqǐ.

2 이 문장에서처럼 원래의 생각과는 다르게 의지의 변화가 생긴 것을 표현할 때는 문장 끝에 조사 '了'를 붙여 '不'와 호응하게 한다.

- 나는 **이제** 그런 사람과는 사귀고 **싶지 않습니다**.
  现在我**不愿意**和那种人交往了。
  Xiànzài wǒ bú yuànyi hé nà zhǒng rén jiāowǎng le.

바로잡기

- 我一定**认真工作**。(×)
  Wǒ yídìng rènzhēn gōngzuò.
- 我一定**会认真工作**。(○)
  Wǒ yídìng huì rènzhēn gōngzuò.

이 문장은 '나는 분명히 열심히 일을 할 것이다'라는 단정 내지는 약속의 의미를 갖는데, 만약 작문의 의도가 '···할 것이다'라면 '会'를 '认真工作' 앞에 붙여 '我一定会认真工作'라고 해야 한다.

아마도 …이 아닐 것이다

可能不是…

그 사람은 중국인이 아닐 겁니다.

단어 아마 : 可能 kěnéng

작문 他**可能不是**中国人。
Tā kěnéng búshì Zhōngguórén.

1 '可能'은 '가능하다'라는 뜻 외에 이렇게 부사로서 '아마도'라는 뜻으로 쓰이기도 한다.

- 과장님은 사무실에 안 계실 **겁니다**(외출중일 겁니다).
  科长**可能**不在办公室。
  Kēzhǎng kěnéng búzài bàngōngshì.

- 소비자들이 거부감을 갖을 **리가 없습니다**.
  用户**不可能**抱有反感。
  Yònghù bù kěnéng bàoyǒu fǎngǎn.

2 '중국인이 아닐 거'라는 말 뒤에는 '중국인같지 않다'라는 뜻이 포함되어 있기 때문에 다음과 같이 표현해도 된다.

- 그의 생김새로 보아 중국인같지 **않습니다**.
  他长得**不像**中国人。
  Tā zhǎng de búxiàng Zhōngguórén.

바로잡기

- 我**可能**帮助你。(×)
  Wǒ kěnéng bāngzhù nǐ.
- 我**可以**帮助你。(○)
  Wǒ kěyǐ bāngzhù nǐ.

'내가 당신을 도울 수 있습니다'는 의미의 문장이라면 '可能(도와 줄 수도 있다)'보다는 '可以(도울 수 있다)'를 써야 한다.

43 ···할 수 없다
不能···

지금은 집에 갈 **수 없습니다.**

단어 집에 가다 : 回家 huíjiā

작문 现在**不能**回家。
Xiànzài bùnéng huíjiā.

1 여건이 좋지 못하여 '···할 수 없다'고 할 경우, '不能···' 또는 상황의 변화를 포함하여 '不能···了'라고 하는데, 허락을 받지 못하였거나 허락하지 않을 경우, '不可以···'라고 해야 한다.

- 비가 너무 세차서 집에 갈 **수 없게 되었습니다.**
  雨下得太大, **不能**回家**了**。
  Yǔ xià de tài dà, bùnéng huíjiā le.

- 회의 중에는 아무도 자리를 뜨지 **마십시오**
  开会的时候任何人都**不可以**离开会场。
  Kāihuì de shíhou rènhé rén dōu bù kěyǐ líkāi huìchǎng.

2 퇴근이나 하교와 같은 일정한 상황 속에서는 '집에 가다'를 '집으로 돌아가다 (回家去)'로 이해하여 '回去'라고 할 수도 있다.

- **집으로 돌아가** 밥을 먹겠습니다.
  我要**回去**吃饭。
  Wǒ yào huíqu chīfàn.

바로잡기

- 这两个月我很忙, **不能**写信, 实在抱歉。(×)
  Zhè liǎng ge yuè wǒ hěn máng, bùnéng xiěxìn, shízài bàoqiàn.
- 这两个月我很忙, **没**能写信, 实在抱歉。(○)
  Zhè liǎng ge yuè wǒ hěn máng, méi néng xiěxìn, shízài bàoqiàn.

'최근 몇 달간 내가 바빠서 편지를 쓰지 못한다'고 한다면 틀리지 않겠지만, 이것이 과거사라고 한다면 이는 분명 '하지 못한 일'에 대해 사과하는 내용이라 할 수 있기 때문에 부정부사 '不' 대신 '没'을 써서 '没能写信'이라고 해야 한다.

44 ···을 하지 않았다
没有···

단어 지난 ··· : 上··· shàng···　산책하다 : 散步 sànbù　나가다 : 出去 chūqu

작문 上周末我**没有**去公园散步。
Shàng zhōumò wǒ méiyǒu qù gōngyuán sànbù.

1 '주말'을 '일요일'로 명시할 경우 '上(个)星期天'라고 할 수 있다. 그리고 시간을 표시하는 명사들은 일반적으로 문장의 서두에 붙어 전체를 수식하는 부사어의 역할을 한다.

- 지난 주 일요일에는 외출**하지 않았습니다**.

  上星期天, 我**没有**出门。
  Shàng xīngqītiān wǒ méiyǒu chūmén.

- 작년에는, 나는 중국에 가**지 않았습니다**.

  去年, 我**没**去中国。
  Qùnián, wǒ méi qù Zhōngguó.

2 '갔었다(去过)'의 부정은 과거를 나타내는 부사 '没'를 사용하는 동사에 술어 뒤에 시태조사 '过'를 붙이기도 한다.

- 나는 중국에 **가보지 못했습니다**.

  我**没去过**中国。
  Wǒ méi qùguo Zhōngguó.

바로잡기

- 没告诉你我的新地址。(×)
  Méi gàosu nǐ wǒ de xīn dìzhǐ.
- 没有把我的新地址告诉你。(○)
  Méiyǒu bǎ wǒ de xīn dìzhǐ gàosu nǐ.

이 문장은 처치의 의미를 보다 구체화하는 '把'자문의 형식을 사용하여 목적어(我的新地址)를 앞으로 옮겨 '没有把新地址告诉你'라고 하는 것이 좋다.

45 ···할 수 없다
동 + 不到

약을 먹으면 괜찮을 텐데 약을 구**할 수 없어요**.

단어 ···ㄹ터인데 : 估计会··· gūjìhuì···   구하다 : 买 mǎi

작문 估计吃药就会治好, 可就是买**不到**。
Gūjì chīyào jiù huì zhìhǎo, kě jiù shì mǎibudào.

1 '···ㄹ터인데'는 어떤 행위나 동작을 통해 모종의 효과가 기대된다는 것 외에도 그렇게 할 수 없음을 아쉬워한다는 의미가 내포되어 있다. '可惜(안타깝게도)'를 뒷절 맨 앞에 부사로 사용하면 이러한 느낌을 표현할 수 있다.

- 그 회사에 입사하면 내 포부를 펼 수 **있을텐데**, 합격하지 못했습니다.

  进那家公司就可以施展我的抱负了, 只**可惜**没有录取。
  Jìn nà jiā gōngsī jiù kěyǐ shīzhǎn wǒ de bàofù le, zhǐ kěxī méiyǒu lùqǔ.

2 '구하다'는 '찾다(找)', '사다(买)' 등 문맥에 맞는 동사로 표현하면 된다. 그리고 술어 뒤에 동사 '到'를 붙여 동작의 결과를 나타낼 수 있다.

- 그들은 그들을 도울 사람을 **구하지** 못했습니다.

  他们没有**找到**一个可以帮忙的人。
  Tāmen méiyǒu zhǎodào yí ge kěyǐ bāngmáng de rén.

- 우리는 값싸고 품질 좋은 에어컨을 **구했습니다**.

  我们**买到**了价廉物美的空调。
  Wǒmen mǎidào le jià lián wù měi de kōngtiáo.

바로잡기

- 你寄给我的信**没收到了**。(×)
  Nǐ jì gěi wǒ de xìn méi shōudào le.

- 我**没收到**你的来信。(○)
  Wǒ méi shōudào nǐ de láixìn.

'你寄给我的信'은 목적어로서 술어 '收' 뒤에 위치해야 하고 흔히 이를 '你的来信(당신의 편지)'로 표현한다. 그리고 이 문장이 과거에 대한 서술이기는 하지만 실현이나 완성의 의미가 포함되어 있지 않으므로 '了'를 쓸 수 없다.

46 ···하면 안된다

不可以···

단어 공공장소 : 公共场所 gōnggòng chǎngsuǒ　　담배 : 烟 yān
피우다 : 吸 xī, 抽 chōu

작문 在公共场所是不可以吸烟的。
Zài gōnggòng chǎngsuǒ shì bù kěyǐ xīyān de.

1 '不可以'는 다소 직접적인 표현이므로 '请不要···(···하지 마세요)'라고 해도 좋다.

- 약속을 어기면 **안됩니다**.
  请不要违约。
  Qǐng búyào wéiyuē.

- 시간을 지연시키지 **마세요**
  请不要拖延时间。
  Qǐng búyào tuōyán shíjiān.

2 서면어일 경우 우리가 흔히 공공장소에서 볼 수 있는 푯말에서와 같이 '严禁···' 또는 '不准···'으로 '不要···'나 '不可以···'를 대신할 수 있다.

- 흡연금지
  严禁吸烟
  Yánjìn xīyān

- 촬영금지
  不准照相
  Bùzhǔn zhàoxiàng

바로잡기

- 月底我就**行**回到学校来。(×)
  Yuèdǐ wǒ jiù xíng huídào xuéxiào lái.
- 月底我就**能**回到学校来。(○)
  Yuèdǐ wǒ jiù néng huídào xuéxiào lái.

'行' 역시 '된다'는 뜻이긴 하지만 조동사로는 쓰이지 않는다. 그러므로 이를 '能'이나 '可以'로 바꾸어야 한다.

E
부정

47

···을 싫어하다
不喜欢···

어머니께서는 개하고 고양이를 싫어합니다.

단어 개 : 狗 gǒu   고양이 : 猫 māo

작문 **母亲不喜欢**养狗养猫。
Mǔqīn bù xǐhuan yǎng gǒu yǎng māo.

1 이런 문장을 옮길 때, '喜欢'을 술어로 하고 뒤의 목적어 앞에 동사를 붙여 동목구로 만든다.

- 나는 **자전거 타는 것을** 싫어합니다.
  我不喜欢**骑自行车**。
  Wǒ bù xǐhuan qí zìxíngchē.

- 나는 **친구 사귀는 것을** 싫어합니다.
  我不喜欢**交朋友**。
  Wǒ bù xǐhuan jiāo péngyou.

2 이 말을 달리 표현한다면 '어머니께서는 개와 고양이 같은 애완동물을 싫어합니다'라는 뜻으로 다음과 같이 말할 수 있다.

母亲不喜欢猫、狗之类的宠物。
Mǔqīn bù xǐhuan māo, gǒu zhī lèi de chǒngwù.

바로잡기

- 我不喜欢他。
  Wǒ bù xǐhuan tā.

이것은 비문이라고 할 수 없겠지만 보다 진일보한 내용 즉 '싫은 이유'가 포함되어 있지 않기 때문에 다소 보충을 해주는 것이 바람직하다.

→ 나는 그의 사람됨이 못마땅하다.
  我不喜欢他的为人。
  Wǒ bù xǐhuan tā de wéirén.

→ 나는 그의 생각에 찬성할 수 없다.
  我不喜欢他的那种想法。
  Wǒ bù xǐhuan tā de nà zhǒng xiǎngfǎ

~조차 …을 모르다
连~都不知道…

나**조차** 그 일을 <u>모르고</u> 있었습니다.

단어 그：那 nà   일：事 shì

작문 **连**我**都不知道**那是怎么回事。
Lián wǒ dōu bùzhīdào nà shì zěnme huíshì.

1 '그 일'을 직역하면 '那件事'라고 할 수 있겠으나 여기 숨어 있는 의도는 '그 일'이 일어나게 된 '경위'를 모르겠다. 즉 '어떻게 된 일'인지 모르겠다는 것이다. 그래서 '那是怎么回事'라고 하는 것이 좋다.

● **어떻게 된 겁니까**, 그가 왜 아직도 안 나타나지요?
这是怎么回事, 他怎么还不来？
Zhè shì zěnme huíshì, tā zěnme hái bù lái?

2 '连我都…(나조차 …하다)'와 '连我也…(나까지 …하다)'는 형식이 비슷하지만 의미상 차이가 있다. 전자는 '하물며 남들이야 …'라는 의도가 숨어 있는 것이고 후자는 '…하지 않아도 될 나까지 …' '감히 나까지'라는 뜻이 함축되어 있다.

● 우리 회사**조차** 판로 개척에 어려움을 겪고 있지요.
连我们公司**都**为打开销路而感到困难。
Lián wǒmen gōngsī dōu wèi dǎkāi xiāolù ér gǎndào kùnnán.

● 그 친구 간이 부었어, 감히 나**까지** 헐뜯다니!
他真是胆大包天, **连**我**也**敢批评！
Tā zhēnshi dǎn dà bāo tiān, lián wǒ yě gǎn pīpíng!

E
부정

바로잡기

- 我的爸爸**不喜欢连**我想的事。(×)
  Wǒ de bàba bù xǐhuan lián wǒ xiǎng de shì.
- **连**我想做的事, 我爸爸都**不允许**。(○)
  Lián wǒ xiǎng zuò de shì, wǒ bàba dōu bù yǔnxǔ.

이는 '우리 아버지는 내가 하고 싶은 것까지 싫어하신다'는 의도로 만든 문장으로 '我想的事'는 '做'를 삽입하여 '我想做的事'로 고치고, '싫어하다'는 '못하게 한다(不允许)'로 바꿔 표현하는 것이 좋다.

49 ···을 별로 좋아하지 않다
不太喜欢···

나는 중국음식을 별로 좋아하지 않아요.

단어 중국음식 : 中国饭 Zhōngguófàn, 中国菜 Zhōngguócài

작문 我**不太喜欢**吃中国菜。
Wǒ bú tài xǐhuan chī Zhōngguócài.

1 '별로'나 '그리'를 수식어로 사용할 경우 동사와 부정부사 사이에 '太'를 삽입하여 '不太＋동'로 표현하고 '并不＋동'라고도 한다.

● 나는 그들과 거래하는 것이 **그리 마음 내키지 않습니다**.
我**不太愿意**和他们交易。
Wǒ bú tài yuànyi hé tāmen jiāoyì.

● 이 제품의 품질에 대해서 **별로 흡족해하**는 것 같지 **않습니다**.
对这个产品的质量, 似乎**并不满意**。
Duì zhè ge chǎnpǐn de zhìliàng sìhu bìng bù mǎnyì.

2 이전에 언급한 바와 같이 '不喜欢'이라고 할 경우 그 뒤에는 동목구조의 목적어가 오는 것으로 기억해두는 것이 좋다.

● 나는 **축구하는 것이** 싫습니다.
我不喜欢**踢足球**。
Wǒ bù xǐhuan tī zúqiú.

● 나는 **배 타는 것이** 싫습니다.
我不喜欢**坐船**。
Wǒ bù xǐhuan zuò chuán.

E
부정

바로잡기

• 我不太喜欢**一切种类的中国饮食**。(×)
Wǒ bú tài xǐhuan yíqiè zhǒnglèi de Zhōngguó yǐnshí.

• **只要是中国饭**, 我什么都不太喜欢吃。(○)
Zhǐyào shì Zhōngguófàn, wǒ shénme dōu bú tài xǐhuan chī.

'一切种类的'는 '所有的'로 표현하고 '饮食'은 '饭'이나 '菜'라고 해야 한다. 따라서 이 문장은 '我不喜欢吃所有的中国饭'으로 고쳐야 한다. 그러나 이 표현은 다소 어색하여 '중국음식이라면(只要是中国饭) 그 무엇이든 잘 먹지 않는다'로 말하는 것이 좋다.

50

아무튼 …모르겠다
反正…不知道

아무튼 저도 모르겠습니다.

단어 ~도 : 也 yě   모르다 : 不知道 bùzhīdào

작문 反正我不知道。
Fǎnzheng wǒ bùzhīdào.

1 '反正'은 '기정 사실을 돌이킬 수 없다, 어쩔 수 없다'는 뜻으로 형식상 또는 의미상 부정적인 문장에 많이 쓰인다.

- 당신이 무엇이라 **하든** 나는 믿지 않습니다.

  不管你怎么说, **反正**我不信。
  Bù guǎn nǐ zěnme shuō, fǎnzheng wǒ bú xìn.

2 지금 진행하고 있는 대화를 이어나가고 싶지 않거나 대화 내용을 잘 알지 못할 경우, 다음과 같이 표현할 수 있다.

- **아무튼** 나는 담당자가 아니니 저에게 묻지 마세요.

  反正我不是负责这件事的, 不要问我。
  Fǎnzheng wǒ búshì fùzé zhè jiàn shì de, búyào wèn wǒ.

- **아무튼** 나는 들은 바가 없으니 나를 탓하지 마세요.

  反正我没有听说什么, 请不要责怪我。
  Fǎnzheng wǒ méiyǒu tīngshuō shénme, qǐng búyào zéguài wǒ.

E
부정

바로잡기

- 我**无论如何**回不了中国了。(✕)
  Wǒ wúlùnrúhé huíbuliǎo Zhōngguó le.
- 我**反正**回不了中国了。(○)
  Wǒ fǎnzheng huíbuliǎo Zhōngguó le.

'反正'과 '无论如何'는 모두 '아무튼'과 대응되는 표현이다. 그러나 양자간의 차이는 '反正'이 소극적이라면 '无论如何'는 적극성을 띠고 있다는 점이다. 위의 예문을 통하여 알 수 있듯이 '反正'은 회피적인 의미를 갖고 있다. 이에 비해 '无论如何'는 '어떻든 간에 꼭 ~해야겠다'는 의미로 '无论如何要回中国去(무슨 일이 있어도 중국으로 돌아가겠다)'처럼 쓰이는 만큼 이 문장에 어울리지 않는다.

1 그런 사람과 거래하고 싶지는 않지만 당신을 생각해서 참기로 했습니다.

→

2 제품에 대한 소비자들의 불만을 파악하지 못했습니다.

→

3 당신의 편지를 받지 못했기 때문에 그 사실을 전혀 몰랐습니다.

→

4 더 이상 지체해서는 안 된다고 분명히 말해두었습니다.

→

5 느끼하기는 하지만 중국 음식을 싫어하지는 않습니다.

→

6 엘리베이터를 설치하지 않은 것은 경비를 절감하기 위해서입니다.

→

7 사장인 당신조차 모르고 있었다니 정말 이해가 되지 않는군요.

→

8 우리의 제안에 대하여 별 관심을 보이지 않고 있습니다.

→

9 그렇게 걷는 것은 운동이 되지 않습니다.

→

10 불평만 늘어놓지 마시고 대책을 모색하도록 합시다.

→

51 ～ 때문에 …하다
因为～所以…

해야 할 일이 좀 있어서 회사에 갑니다.

단어 하다：办 bàn ···야 할···：要··· yào··· 좀：点儿 diǎnr

작문 **因为**有点儿事要办，**所以**到公司去。
Yīnwèi yǒudiǎnr shì yào bàn, suǒyǐ dào gōngsī qù.

1 본문의 의도를 직역하면 위와 같이 작문이 가능하겠지만 다소 어색한 느낌을 준다. 따라서 '회사에 가다 去公司'를 앞세우고 그 뒤에 회사에 나가는 목적 즉 '일을 보러 办事'를 써서 '我去公司办点儿事儿'라고 하는 것이 바람직하다.

- 보낼 편지가 좀 있어서 우체국에 갑니다.
  去邮局寄几封信。
  Qù yóujú jì jǐ fēng xìn.

- 의논할 일이 좀 있어서 변호사를 만나러 갑니다.
  去找律师商量几件事。
  Qù zhǎo lùshī shāngliáng jǐ jiàn shì.

2 '…에 가다'는 '去…' 외에 '到…去', '上…' 등으로 표현할 수 있다.

- 영미는 영국에 **갔습니다**.
  英美**到**英国**去**了。
  Yīngměi dào Yīngguó qù le.

- 물건을 사러 **나갑니다**.
  上街买东西。
  Shàng jiē mǎi dōngxi.

바로잡기

- 到现在**没有点儿做成**的事情。(×)
  Dào xiànzài méiyǒu diǎnr zuòchéng de shìqing.

- 나는 지금까지 잘 해낸 일이 거의 없다.
  我到现在**几乎没有办成**的事情。(○)
  Wǒ dào xiànzài jīhū méiyǒu bànchéng de shìqing.

'没有点儿…'는 '하나도 없다'는 의도를 표현한 것이다. 그러나 이 비문에서는 '点儿'보다는 '几乎'를 써서 '没有'를 수식하는 것이 좋다. 그리고 '做成'은 '办成'이라고 한다.

~하기 때문에 …

～, 因此…

> 그 사람은 착하기 때문에 주위에 사람이 많아요.

단어 착하다 : 老实 lǎoshí   주위의 사람 : 朋友 péngyou

작문 他很老实, **因此**有很多朋友。
Tā hěn lǎoshí, yīncǐ yǒu hěn duō péngyou.

1 '착하다'는 흔히 '善良', '老实' 등으로 표현하는데, 만약 '그래서 믿을 만하다'는 뜻이 내포되어 있다면 뒤에 '可靠'로 표현할 수도 있다. 그리고 '…하기에는 너무 얌전하다'는 뜻으로 '太老实了'라는 표현을 쓰기도 한다.

- 그는 **착한 사람이라 믿을 만합니다.**
  他老实可靠。
  Tā lǎoshí kěkào.

- 그는 이런 일을 **하기에는 너무 얌전합니다.**
  他**太老实了**, 这种事情不能交给他。
  Tā tài lǎoshí le, zhè zhǒng shìqíng bùnéng jiāogěi tā.

2 '~하기 때문에 …'라고 할 때 '因此' 대신 '쉼표(,)'를 가지고도 의미를 전달할 수 있다.

- 선복 확보가 어렵기 때문에 물품 인도 기한을 연장해야 한다고 합니다.
  他们说舱位难订, 要延长交货期。
  Tāmen shuō cāngwèi nán dìng, yào yáncháng jiāohuòqī.

바로잡기

- 他的步很快, 因此跟上他很费劲。(×)
  Tā de bù hěn kuài, yīncǐ gēnshang tā hěn fèijìn.
- 他走得太快, 要跟上他很费劲。(○)
  Tā zǒu de tài kuài, yào gēnshang tā hěn fèijìn.

'그는 걸음이 빨라서 그를 뒤쫓아가기가 매우 힘들다'는 의도로 만든 문장으로 '걸음'을 '脚步'로 옮겨 '脚步很快'라고 할 수 있겠으나 이는 주로 '행보가 빠르다'는 비유적인 의미로 사용된다. 이 경우 '他走得太快'라고 하는 것이 좋다. 그리고 '跟上…'의 앞에 '要'를 붙이고 '要跟上他很费劲'이라고 표현하는 것이 좋다.

53 ～하여 …하지 못하다
因为～, 不(没)…

단어 돈 : 钱 qián　　여행 : 旅行 lǚxíng, 旅游 lǚyóu

작문 **因为**没有钱, **不能**去旅行。
Yīnwèi méiyǒu qián, bùnéng qù lǚxíng.

1 '因为'라는 관련사를 사용할 때 흔히 '所以'가 그에 호응하여 뒤에 따라 붙는 것으로 생각하기 쉬운데, 이처럼 생략할 수도 있다.

● 모임의 일정이 전달되지 않**아** 참석하**지 못한** 회원이 많습니다.

因为没有通知聚会日期, 很多成员**没能**参加。
Yīnwèi méiyǒu tōngzhī jùhuì rìqī, hěn duō chéngyuán méi néng cānjiā.

● 회의가 제시간에 열리지 않**아** 사람들의 항의가 빗발쳤습니다.

因为会议没有按时举行, 人们纷纷提出抗议。
Yīnwèi huìyì méiyǒu ànshí jǔxíng, rénmen fēnfēn tíchū kàngyì.

F

원인

바로잡기

• 他没有担心, 因为他会办好。
　Tā méiyǒu dānxīn, yīnwèi tā huì bàn hǎo.

이 문장은 '因为'절을 후치하는 형식을 취한 것으로 별 문제는 없으나 내용상 다소 보완하는 것이 좋다. 앞절에는 '为…而…'로 '他没有为这件事而担心'이라 하고 뒷절은 '因为我知道他会办好'로 보완하자.

54

~하여서 …하는 것이다
由于~, 才…

몸이 아파서 병원에 가는 겁니다.

단어 아프다 : 不舒服 bù shūfu   병원에 가다 : 看病 kànbìng

작문 **由于**身体不舒服, **才**去看病。
Yóuyú shēntǐ bù shūfu, cái qù kànbìng.

1 '由于(…하여서)'는 물론 원인을 나타내는 것이기는 하지만 단순히 '무엇 때문에 …을 한다'는 의미 외에도 '才'와 호응할 경우 '피치 못할 사정'이라는 뜻이 강하게 표현된다.

- 당신은 우리의 단골이**라서** 싸게 해드리**는 것입니다**.

  由于您是我们的老主顾, **才**算您便宜的。
  Yóuyú nín shì wǒmen de lǎo zhǔgù, cái suàn nín piányi de.

2 의료 관련 표현 중 '看病'과 '打针'은 우리말 해석에 있어서 행위의 주체가 누구인지에 따라 달리 해석된다.

- 医生替病人**看病**。 (의사가 환자를 진찰하다)
  Yīsheng tì bìngrén kànbìng.

- 病人去医院**看病**。 (환자가 병원에 진찰을 받으러 가다)
  Bìngrén qù yīyuàn kànbìng.

- 护士替病人**打针**。 (간호사가 환자에게 주사를 놓다)
  Hùshi tì bìngrén dǎzhēn.

- 病人去医院**打针**。 (환자가 병원에 주사를 맞으러 가다)
  Bìngrén qù yīyuàn dǎzhēn.

바로잡기

- 那个人**不太很多朋友**。 (×)
  Nà ge rén bú tài hěn duō péngyou.

- 那个人**朋友不太多**。 (○)
  Nà ge rén péngyou bú tài duō.

이 비문은 술어 부분에 어순이 도치된 문제가 있다. 그리고 '很'과 '不太'가 같은 수식 성분으로 하나로 뒤섞여 '多'를 수식하고 있는데, '朋友不太多'로 표현해야 한다.

55

～할 것 같아 …하다
看来～, 所以…

단어 비가 오다 : 下雨 xiàyǔ   우산 : 雨伞 yǔsǎn   가지다 : 带 dài

작문 **看来**要下雨，**所以**就带雨伞来了。
Kànlái yào xiàyǔ, suǒyǐ jiù dài yǔsǎn lái le.

1 '看来'는 '보아하니'라는 우리말 표현과 같은 뜻으로, 객관적인 평가나 추측을 나타낸다. '…할 것 같아서 好像…'과 함께 쓰이기도 하고 단독으로 쓰이기도 한다.

- 보아하니 그는 그리 유쾌**한 것** 같지는 않습니다.
  看来他**好像**不怎么愉快。
  Kànlái tā hǎoxiàng bù zěnme yúkuài.

- 오전에는 길이 막힐 것 **같으니** 차를 두고 가십시오.
  看来上午会堵车，请不要开车去。
  Kànlái shàngwǔ huì dǔchē, qǐng búyào kāichē qù.

2 '所以'는 흔히 그 앞에 '因为'를 써 서로 호응하여 원인과 결과를 나타내는데, 앞서 본 예와 같이 둘 중의 하나를 생략하기도 한다.

- 그가 협상에서 양보하**였으니** 당신도 한발 물러서세요.
  他在谈判中作出让步，**所以**你也应该让他一步。
  Tā zài tánpàn zhōng zuòchū ràngbù, suǒyǐ nǐ yě yīnggāi ràng tā yí bù.

바로잡기

- 他的年纪**像**比我大。(×)
  Tā de niánjì xiàng bǐ wǒ dà.
- 他的年纪**看起来**比我大。(○)
  Tā de niánjì kànqǐlai bǐ wǒ dà.

'그는 나보다 나이가 많은 것 같다'라고 할 경우, '像(닮다)'이 아니라 '好像'이라고 해야 한다. 그 자리에 '看来'를 사용하여 '他的年纪看起来比我大(그는 나이가 나보다 많아 보인다)'라고 할 수도 있다.

56 좀 ~해서 …할 수 없다
有点(儿)~，不能…

오늘 좀 바빠서 공항에 나갈 수 없습니다.

단어 바쁘다 : 忙 máng   공항 : 机场 jīchǎng

작문 今天有点忙，不能去机场了。
Jīntiān yǒudiǎn máng, bùnéng qù jīchǎng le.

1 '좀 …하다'는 형용사 앞에 부사어 '有点'을 붙이거나, 뒤에 보어인 '一点'를 붙여 표현한다.

● 이 문제는 내가 해결하기에는 **좀** 어렵**습니다**.
由我来解决这个问题**有点**困难。
Yóu wǒ lái jiějué zhè ge wèntí yǒudiǎn kùnnan.

● 이 문제는 조속히 해결해야 합니다.
这个问题要早(一)点解决掉。
Zhè ge wèntí yào zǎo (yì) diǎn jiějué diào.

2 '공항에 나갈 수 없습니다'는 '不能去机场了'라고 하면 되지만 그 뒤에 '공항에 나가는 이유'를 붙이는 것이 좋다.

● 나는 **당신을 배웅하러** 공항에 갈 수 없습니다.
我**不能去机场**送你。
Wǒ bùnéng qù jīchǎng sòng nǐ.

● 나는 **물건을 사러** 백화점에 갈 수 없습니다.
我**不能去百货商店**采购。
Wǒ bùnéng qù bǎihuòshāngdiàn cǎigòu.

F
원인

바로잡기

• 听他说汉语，**想他**中国人。(×)
Tīng tā shuō Hànyǔ, xiǎng tā Zhōngguórén.

• 听他说汉语，**就知道他是**中国人。(○)
Tīng tā shuō Hànyǔ, jiù zhīdao tā shì Zhōngguórén.

'그가 중국어를 하는 것을 듣고 그가 중국인이라고 생각하였다'는 의도로 쓴 문장으로 두 절 사이에 '곧이어'라는 뜻의 부사 '就'를 붙이고 '생각하다'를 '알다'로 바꿔 '知道'라고 하며 목적어 '他中国人'에 판단동사 '是'를 붙여야 한다.

~하여 ···늦었다
～, 所以···迟了

지하철이 연착하여 늦었습니다.

단어 지하철 : 地铁 dìtiě   연착 : 误点 wùdiǎn

작문 地铁误点, 所以来迟了。
Dìtiě wùdiǎn, suǒyǐ láichí le.

1 '지하철이 연착하다'는 '지하철이 운행 시간을 어기다'로 보아 '地铁误点'이
라는 표현을 쓴다.

- 버스가 **연착하는** 바람에 그 사람은 만나지 못했어요.

  汽车**误点**, 所以没见到他。
  Qìchē wùdiǎn, suǒyǐ méi jiàndào tā.

2 '사람이 늦었다(지각했다)'라고 할 때는 '迟到'로 표현한다.

- 또 다시 **지각하면** 그에 상응하는 벌칙을 적용받게 됩니다.

  你再**迟到**, 就会依照规定受处罚。
  Nǐ zài chídào, jiù huì yīzhào guīdìng shòu chǔfá.

F
원인

바로잡기

- 我每天**运动**, 所以体重**减少了**三公斤。(×)
  Wǒ měitiān yùndòng, suǒyǐ tǐzhòng jiǎnshǎo le sān gōngjīn.
- 我每天**锻炼**, 所以体重**减了**三公斤。(○)
  Wǒ měitiān duànliàn, suǒyǐ tǐzhòng jiǎn le sān gōngjīn.

'체중이 줄었다'고 할 때 '减少'보다는 '减'이나 '减轻'이라고 하는 것이 좋다.

58

~하기가 귀찮아서 …하다
~怪麻烦的, 所以…了

물건을 고르기가 **귀찮아서** 그냥 하나 집었어요.

단어 물건 : 东西 dōngxi　귀찮다 : 麻烦 máfan　고르다, 집다 : 挑 tiāo, 捡 jiǎn

작문 挑东西**怪麻烦的, 所以**就随便捡**了**一个。
Tiāo dōngxi guài máfan de, suǒyǐ jiù suíbiàn jiǎn le yí ge.

1 '귀찮게 여기다'는 '嫌麻烦'이라고 한다.

- 우리는 고객의 요구 사항은 절대로 **귀찮게 여기지** 않고 신속하게 처리합니다.
  我们对客户的要求，从来不**嫌麻烦**，从速处理。
  Wǒmen duì kèhù de yāoqiú, cónglái bù xián máfan, cóngsù chǔlǐ.

2 '그냥'의 경우, '대충' '마음대로'로 볼 수 있으므로 '马马虎虎地' '随随便便地'으로 표현한다.

- 이 책을 **그냥** 한번 보았습니다.
  这本书只是**马马虎虎地**看了一遍。
  Zhè běn shū zhǐ shì mǎ mǎ hǔ hǔ de kàn le yí biàn.

- 나는 **그냥** 몇 자 적었습니다.
  我**随随便便地**写了几个字。
  Wǒ suí suí biàn biàn de xiě le jǐ ge zì.

바로잡기

- 又狂风，又大雨，所以路上没有人。(×)
  Yòu kuángfēng, yòu dà yǔ, suǒyǐ lùshang méiyǒu rén.
- 又刮风又下雨，所以路上没有人。(○)
  Yòu guā fēng yòu xià yǔ, suǒyǐ lùshang méiyǒu rén.

'又…又…'는 명사를 연결하는 것이 아니라 '又高又大'나 '又刮风又下雨'처럼 형용사나 동사를 잇는 표현이다.

59

~한 이상 …하다

既然~, 就…

> 모두가 동의**한 이상** 나도 반대**할** 이유가 없죠.

단어 동의 : 同意 tóngyì   반대 : 反对 fǎnduì   이유 : 理由 lǐyóu

작문 **既然**大家都同意，我**就**没有理由反对了。
Jìrán dàjiā dōu tóngyì,   wǒ jiù méiyǒu lǐyóu fǎnduì le.

1 '…할 이유가 없다'는 '没有理由…'로 표현되며 '没有必要…'로 의역도 가능하다.

- 그렇게 하기로 결정한 이상 주저**할** 이유가 **없습니다**.
  既然决定那么办，就**没有理由**犹豫。
  Jìrán juédìng nàme bàn, jiù méiyǒu lǐyóu yóuyù.

- 그가 그만두기로 한 이상 알**릴** 이유가 **없지요**.
  既然他撒手不干，就**没有必要**通知他了。
  Jìrán tā sāshǒu bú gàn, jiù méiyǒu bìyào tōngzhī tā le.

2 '반대'는 '어떤 의견에 대하여 다른 견해를 내보이는 것: 反对'와 '대조적 의미의 다름: 相反'으로 구별할 수 있다.

- 나는 가격을 인하하는 데 **반대합니다**.
  我**反对**降价。
  Wǒ fǎnduì jiàngjià.

- 그들의 성격은 **정반대지요**.
  他们俩性格刚好**相反**。
  Tāmen liǎ xìnggé gānghǎo xiāngfǎn.

바로잡기

- 既然咱们**是都**韩国人，就要**相互**帮助。(×)
  Jìrán zánmen shì dōu Hánguórén, jiù yào xiānghù bāngzhù.
- 既然咱们**都是**韩国人，就要**互相**帮助。(○)
  Jìrán zánmen dōu shì Hánguórén, jiù yào hùxiāng bāngzhù.

범위를 나타내는 부사 '都'는 '是'를 수식하는 것으로 그 앞에 붙여 '都是…'라고 한다. '相互'는 '相互作用'처럼 형용사적 수식어로 쓰여 명사형을 만드는데 이 문장의 경우와 같이 단순히 양자간 또는 다자간이라는 뜻의 부사적 용법은 '互相…'으로 표현하다.

60

~해서 …하다

~ , 以致…

> 원료 공급이 부족**해서** 제대로 생산할 수 **없다**.

단어 원료 : 原料 yuánliào 공급 : 供应 gōngyìng
부족하다 : 不足 bùzú, 短缺 duǎnquē

작문 原料供应短缺，**以致**无法正常生产。
Yuánliào gōngyìng duǎnquē, yǐzhì wúfǎ zhèngcháng shēngchǎn.

1 '以致…'는 서면어에 어울리는 접속사로 주로 화자가 원하지 않는 나쁜 결과를 설명하는 데 쓰인다.

- 우리의 부주의로 귀측에게 손해를 끼친 점에 대하여 사과드립니다.

  我方办事不慎，**以致**贵方受害，在此谨表歉意。
  Wǒfāng bànshì búshèn, yǐzhì guìfāng shòu hài, zàicǐ jǐn biǎo qiànyì.

2 '…할 수 없다' 역시 구어체 '不能…'과 서면어 '无法…'로 표현할 수 있다.

- 나는 그런 일을 **할 수 없습니다**.

  我**不能**做那种事。
  Wǒ bùnéng zuò nà zhǒng shì.

- 나는 이 문제에 대하여 그 어떠한 책임도 질 **수 없습니다**.

  对于这个问题我**无法**负任何责任。
  Duìyú zhège wèntí wǒ wúfǎ fù rènhé zérèn.

바로잡기

- 身体节奏变化，以致我**每天凌晨起床**。（×）
  Shēntǐ jiézòu biànhuà, yǐzhì wǒ měitiān língchén qǐchuáng.
- 身体节奏变化，以致我**睡眠不足**。（○）
  Shēntǐ jiézòu biànhuà, yǐzhì wǒ shuì mián bùzú.

'每天凌晨起床'이 신체리듬의 변화에 따른 결과이기는 하지만 이로써 '以致'의 어울리는 부정적인 표현이라고 볼 수 없으므로 새벽에 잠이 깨어 '睡眠不足' 하다고 하는 것이 좋다.

작·문·연·습

1 몸이 아파서 병원에 가야 할 것 같습니다.

→

2 그 사람은 경험이 풍부하여 일 처리가 매끄럽습니다.

→

3 전문가에게 일을 맡기는 것은 시간이 너무 늦었기 때문입니다.

→

4 모임에 대해서는 들은 바 없어서 참여하지 않겠습니다.

→

5 이 문제는 개인적인 것이라 말씀을 드리지 않았습니다.

→

6 도로 사정이 여의치 않아 제시간에 도착하지 못했습니다.

→

7 자료가 필요할 것 같아서 찾아 뵈었는데 벌써 떠나셨다더군요.

→

8 쌍방의 양보가 있어서 일이 잘 해결된 것입니다.

→

9 개인적인 사정으로 마중나갈 수 없었습니다. 양해해 주십시오.

→

10 이것은 우리 모두의 이익에 관련되어 있으므로 신중을 기해야 합니다.

→

61

…라도 있습니까
有什么…吗

시험이 끝나면 방학인데 무슨 계획이**라도 있습니까?**

단어 시험：考试 kǎoshì　끝나다：结束 jiéshù　방학：放假 fàngjià
계획：计划 jìhuà, 安排 ānpái

작문 考完试，就放假了，你**有什么**安排**吗**？
Kǎowán shì, jiù fàngjià le, nǐ yǒu shénme ānpái ma?

1 보어 '完'을 동사 '考'에 붙여 '考完了'로 표현하기도 하고 '끝나다' 라는 동
사 '结束'를 사용하여 다음과 같이 말할 수 있다.

- 시험이 **끝나**면 무엇을 할 생각입니까?
考试**结束**后，你有什么打算吗？
Kǎoshì jiéshù hòu, nǐ yǒu shénme dǎsuan ma?

2 시비의문문 형태인 '有…吗'는 '有…没有'와 같이 선택의문문의 형식으로 표
현할 수 있다.

- 무슨 방법 **없어요?**
你**有**什么办法**没有**？
Nǐ yǒu shénme bànfǎ méiyǒu?

바로잡기

- 开往北京的末班车**是几点吗**？（×）
Kāiwǎng Běijīng de mòbānchē shì jǐ diǎn ma?
- 开往北京的末班车**几点开车**？（○）
Kāiwǎng Běijīng de mòbānchē jǐ diǎn kāichē?

이 비문은 우리가 흔히 습관적으로 '북경 가는 막차는 몇 시입니까?' 라고 하는 것을 그대
로 옮긴 다음 그 뒤에 의문 어기조사 '吗'를 붙여 만든 문장이다. 그러나 '북경 가는 막차
는 몇 시에 출발합니까?' 로 옮겨 '开往北京的末班车几点开车？' 라고 하는 것이 좋다.

62 왜 이렇게 …지요
怎么这么…呢

단어 음식 : 菜 cài   싱겁다 : 淡 dàn

작문 今天菜**怎么这么**淡**呢**?
Jīntiān cài zěnme zhème dàn ne?

1 '왜 이렇게…'는 의문대체사 '怎么'와 지시대체사 '这么'를 병렬하여 표현한 것으로 감탄의 의미를 갖는다.

● 올해 여름에는 비가 **왜 이리** 많이 오는지 모르겠군요.
今年夏天雨下得**怎么这么**大！
Jīntiān xiàtiān yǔ xià de zěnme zhème dà!

2 '怎么这么'는 '为什么这么'로 대체할 수도 있다.

● 이 국은 **왜 이렇게** 맵지요?
这个汤**为什么这么**辣？
Zhège tāng wèishénme zhème là?

바로잡기

• 上星期天你做什么**呢**?（×）
Shàng xīngqī tiān nǐ zuò shénme ne?

• 上星期天你做什么**了**(呢)?（○）
Shàng xīngqī tiān nǐ zuò shénme le(ne)?

먼저 문장 맨 앞에 나온 부사어 '上星期天'과 '你做什么'의 의미 관계를 잘 살펴볼 필요가 있다. '你做什么'는 '당신은 무엇을 하십니까 / 당신은 무엇을 하실 겁니까'로 해석되는 것으로 과거를 나타내는 '上星期天'과 어울리지 않는다. 따라서 어기조사 '了'를 문미에 붙여 '上星期天你做什么了'라고 하거나 '了' 대신 회상의 의미를 나타내는 '来着'를 붙이는 것도 좋다.
이 문장의 어기조사 '呢'는 붙이지 않아도 되겠으나 이것이 있으므로 해서 어기를 완화시키는 역할을 하기 때문에 부드러운 느낌을 줄 수 있다.

G 질문

63 어떻게 오셨습니까
怎么来了

단어 꽤 : 挺 tǐng

작문 不是说今天挺忙的吗, 你**怎么来了**呢?
Búshì shuō jīntiān tǐng máng de ma, nǐ zěnme lái le ne?

1 '…하시다며'는 '说…'이며, 전체 문장이 의문문 임을 감안, 상대방의 말과 행동이 일치하지 않은 점을 두고 부가식 반문의 형식을 취하여 '…, 不是吗'라고 물을 수 있다.

- 몸이 불편하여 못 오신다고 **하지 않으셨습니까**?

   你**说**身体不舒服不能来, **不是吗**?
   Nǐ shuō shēntǐ bù shūfu bùnéng lái, búshì ma?

2 인사말로 '어떻게 오셨습니까'는 일반적으로 상황에 따라서 비교적 구체적으로 물을 수 있다.

- 고객에 대하여: 有什么能为您效劳的吗? (무엇을 도와드릴까요?)
   Yǒu shénme néng wèi nín xiàoláo de ma?

- 내방객에 대하여: 请问, 您找哪位? (누굴 찾아오셨습니까?)
   Qǐngwèn, nín zhǎo nǎ wèi?

- 去火车站在**怎么地方**坐车? (×)
   Qù huǒchēzhàn zài zěnme dìfang zuò chē?
- 去火车站在**哪儿**坐车? (○)
   Qù huǒchēzhàn zài nǎr zuò chē?

'어디'라고 할 경우, 처소를 묻는 의문대체사 '哪儿' 또는 '什么地方'이라고 해야 한다.

…할 수 있을 것 같습니까
你看，～可以…

우리는 언제쯤 집으로 돌아갈 **수 있을 것 같습니까?**

단어 언제 : 什么时候 shénme shíhou   …로 돌아가다 : 回 … huí …

작문 **你看**, 我们什么时候**可以**回家？
Nǐ kàn wǒmen shénme shíhou kěyǐ huíjiā?

1 이 문장은 다른 사람의 의견을 묻는 말인 만큼 '당신의 견해는 어떻습니까'라는 의미로 문두에 '你看'을 붙이는 것이 좋다.

- 보시기에 주식 가격이 다시 작년 수준으로 오를 수 있을 **것 같습니까?**

   你看, 股价**会不会**回升到去年的水平？
   Nǐ kàn, gǔjià huì bú huì huíshēng dào qùnián de shuǐpíng?

2 '…할 것 같다'는 조동사 '会'와 대응되는 표현이지만 이 문장의 내용으로 보아 '여건이 허락하다'라는 뜻이 내포되어 있어 '可以'를 쓰는 것이다.

- 그와 함께 돌아가도 **되겠습니까?**

   我和他一起回去, **可以吗**？
   Wǒ hé tā yìqǐ huíqù,   kěyǐ ma?

- 그와 함께 가도 **될까요?**

   我跟他一起走, **行吗**？
   Wǒ gēn tā yìqǐ zǒu,   xíng ma?

바로잡기

- 他会什么时候来？（×）
   Tā huì shénme shíhou lái?

- 他会来吗？ ①
   Tā huì lái ma?
- 他什么时候来？ ②
   Tā shénme shíhou lái?

①＋②→（○）

이 문장은 의미상 두 단계로 나눠 말해야 할 것을 한 문장 속에 포개 넣어서 나타난 비문이다. 우선 올 가능성이 있는지(你会来吗?)를 묻고, 그런 다음 언제 오는지(你什么时候来?)를 묻는다면 이렇게 뒤섞이지 않을 것이다.

65 어디 있습니까
在哪儿

단어 우체국 : 邮局 yóujú

작문 请问, 邮局**在哪儿**?
Qǐngwèn, yóujú zài nǎr?

1 '어디 있습니까'는 '在哪儿'로 대응할 수 있겠지만, 우체국이 있는지 여부를 묻는 표현 '有没有'으로 대체할 수 있다.

● 이 근처에 우체국이 **있습니까**?

请问, 这附近**有没有**邮局？
Qǐngwèn, zhè fùjìn yǒu méiyǒu yóujú?

请问, 这儿**有**邮局**没有**？
Qǐngwèn, zhèr yǒu yóujú méiyǒu?

2 상대방이 무엇을 하도록 권할 때와 마찬가지로 상대방이 나를 위해 말해주기를 청할 경우에도 '请'를 활용하여 '请问'이라고 한다.

바로잡기

- 你**是**什么时候去那儿？ (×)
  Nǐ shì shénme shíhou qù nàr?
- 你**是**什么时候去那儿**的**？ (○)
  Nǐ shì shénme shíhou qù nàr de?
- 你什么时候去那儿？ (○)
  Nǐ shénme shíhou qù nàr?

'당신'은 '언제 그 곳에 간 사람'인가 즉 출발 시간별로 나누려고 묻는 것이라면 문미에 '的'을 붙여야 할 것이고, 단순히 '언제 가느냐'라면 '是'를 제거해야 한다.

66 무슨 …입니까
这…叫什么

단어 채소 : 蔬菜 shūcài

작문 这种蔬菜叫什么？
Zhè zhǒng shūcài jiào shénme?

1 어떤 사물의 명칭을 물을 경우 '叫什么' 또는 '叫什么名字'를 쓴다.

● 이런 화초는 **이름이 무엇이지요?**
请问, 这种花草**叫什么(名字)**？
Qǐngwèn, zhè zhǒng huācǎo jiào shénme(míngzi)?

2 원문의 의도가 직접 채소의 이름을 묻기보다는 어떤 종류, 즉 수입인지 국내산
인지 고냉지 야채인지가 궁금할 경우 다음과 같이 '哪种'을 사용하여 물을 수
있다.

● 이는 **어떤 류**의 야채이지요?
这是**哪种**蔬菜？
Zhè shì nǎ zhǒng shūcài?

바로잡기

- 在空中飞着的**一群鸟是什么名字**？（×）
Zài kōngzhōng fēizhe de yì qún niǎo shì shénme míngzi?
- 在空中飞着的**那群鸟叫什么名字**？（○）
Zài kōngzhōng fēizhe de nà qún niǎo jiào shénme míngzi?

이 문장의 주어에 해당하는 '在空中飞着的一群鸟'에는 먼 곳을 가리키는 지시대체사
'那'를 붙여 '那(一)群鸟'라고 해야 하며, '이름이 무엇이냐'는 '叫什么名字'라고 하는 것
이 옳다.

67

…은 무엇으로 만들지요
…用什么做

자장면은 무엇으로 만들지요?

단어 자장면 : 炸酱面 zhájiàngmiàn   만들다 : 做 zuò

작문 炸酱面是**用什么做**的呢?
Zhájiàngmiàn shì yòng shénme zuò de ne?

1 어떤 재료로 만드는지를 구체적으로 물을 경우, '用的是什么材料'라고 하면 된다.

- 이런 돗자리는 **무슨 재료로 만들지요?**
  这种席子**用的是什么材料**?
  Zhè zhǒng xízi yòng de shì shénme cáiliào?

2 '…의 재료는 무엇입니까'라고 물을 경우, '…的材料是什么'라고 한다.

- 이 벽돌의 **재료는 무엇입니까?**
  这种砖**的材料是什么**?
  Zhè zhǒng zhuān de cáiliào shì shénme?

- 这个东西**什么做**? (×)
  Zhè ge dōngxi shénme zuò?
- 这个东西**是用什么做的**? (○)
  Zhè ge dōngxi shì yòng shénme zuò de?

위에서 본 바와 같이 '무엇으로 만들다'는 '用什么做'이고, 종류 구별의 의미로 '是…的'로 술어를 구성한다. 그리고 제조 방법을 묻는 경우 의문대체사 '怎么'를 넣어 '这个东西怎么做?'로 묻는다.

68 얼마 동안 머무십니까
呆多久

단어 머물다 : 呆 dāi, 停留 tíngliú

작문 **你要在韩国呆多久?**
Nǐ yào zài Hánguó dāi duōjiǔ?

1 '할 예정입니까'라고 할 경우, '예정'은 의도의 뜻이 있는 '打算' 또는 '想'으로 표현할 수 있다.

- 얼마나 주문**하시겠습니까?**

  您打算订多少?
  Nín dǎsuan dìng duōshao?

  您想买多少?
  Nín xiǎng mǎi duōshao?

2 구어체로 '머물다'는 '呆'라고 하고, 공식적인 말투라면 '停留'나 '滞留'라고 하는 것이 좋다.

- 이곳에는 얼마 동안 **체류하**실 예정이십니까?

  您想在这儿停留多长时间?
  Nín xiǎng zài zhèr tíngliú duōcháng shíjiān?

바로잡기

- 这三件衣服总共**几钱**? (×)
  Zhè sān jiàn yīfu zǒnggòng jǐ qián?
- 这三件衣服总共**多少钱**? (○)
  Zhè sān jiàn yīfu zǒnggòng duōshao qián?

흔히 10을 경계로 그 이상일 경우 '多少'를 쓰고, 그 이하일 경우 '几'를 쓰는 것으로 구분되어 있다. 그래서 이 문장에서는 '总共多少钱'이라고 하는 것이 타당하다.
그러나 '几'를 꼭 써야 할 경우라면 그 뒤에 양사 '块'를 붙여 '几块钱'이라고 하는 것이 좋다.

G 질문

69

~에도 …을 하십니까
~也…吗

겨울에도 수영을 하십니까?

단어 겨울 : 冬天 dōngtiān　　수영하다 : 游泳 yóuyǒng

작문 你冬天**也**游泳**吗**?
Nǐ dōngtiān yě yóuyǒng ma?

1 '也'를 쓸 경우, '~까지도 …하다'는 긍정적인 의도를 반영하며, '还'를 사용할 경우, '~인데 그래도 …을 하느냐'는 부정적인 의도를 나타낼 수 있다.

- 9시가 다 되었**는데 아직도** 안 일어나?

  都九点了, **还**不起床啊?
  Dōu jiǔ diǎn le, hái bù qǐchuáng a?

- 근무 시간**인데도** 졸고 있습니까?

  上班工作**还**打瞌睡啊?
  Shàngbān gōngzuò hái dǎ kēshuì a?

바로잡기

- **约定时间**已经过了, 他**还没**来。(×)
  Yuēdìng shíjiān yǐjīng guò le, tā hái méi lái.
- **约会时间**已经过了, 他**还不**来。(○)
  Yuēhuì shíjiān yǐjīng guò le, tā hái bù lái.

'约定时间'은 '시간을 정하다'는 뜻이다. 그러므로 '약속시간'은 '约会时间 / 约定的时间'이라고 해야 한다. '他还没来(그는 아직 오지 않았다)'는 곧 올 것이라는 의미로 별다른 감정 색채 없이 상황을 진술하는 것이다. '약속시간이 지났는데도 오지 않고 있다'는 뜻이라면 '他还不来'라고 하는 것이 옳다.

어느 것이 …입니까

哪一种…

단어 자동차 : 汽车 qìchē   비싸다 : 贵 guì

작문 这种汽车和那种汽车，**哪一种**贵？
Zhè zhǒng qìchē hé nà zhǒng qìchē, nǎ yì zhǒng guì?

1 이처럼 자동차의 질이나 가격으로 구별되는 종류에 중점을 두고 말을 할 때, '这种' 또는 '那种'이라고 한다. 그리고 이 문장은 접속사 '还是'를 사용하여 선택의문문을 만들 수 있다.

- 이런 자동차가 쌉니까 **아니면** 저런 자동차가 쌉니까?

这种汽车便宜，**还是**那种汽车便宜？
Zhè zhǒng qìchē piányi, háishì nǎ zhǒng qìchē piányi?

2 '이 차' 또는 '저 차'라고 말할 때 지시대체사 '这/ 那'에 양사 '辆'을 붙여 '这辆车…'라고 한다.

- 이 차는 운행한 지 십 년이 넘지 않았습니까?

这辆车是不是已经开了十多年了？
Zhè liàng chē shì bú shì yǐjīng kāi le shí duō nián le?

- 저 차는 당신의 차가 아닙니까?

那辆车是你的不是？
Nà liàng chē shì nǐ de búshì?

바로잡기

- 我**在哪儿能**工作？(X)
Wǒ zài nǎr néng gōngzuò?
- 我**能在哪儿**工作？(O)
Wǒ néng zài nǎr gōngzuò?

'내가 어디에 간들 직장을 얻을 수 있겠는가?'라는 의도의 문장이다.
이 경우 먼저 '주어(我)＋조동사(能)＋동사(工作)'라고 하는 구조 속에서 전치사 구조로 부사어의 역할을 하는 '在哪儿'를 어디에 두어야 할 것인가를 생각해 보는 것이 좋다. 전치사 구조는 동사를 직접 수식하는 성분으로 동사 바로 앞에 삽입되어 '我能在哪儿工作'라고 해야 한다.

작·문·연·습

1 이 문제를 해결할 좋은 방법이 없을까요?

→ ....

2 이 자동차는 속도가 왜 이렇게 느리지요?

→ ....

3 당신은 왜 소비자의 권리를 무시하는 겁니까?

→ ....

4 왜 우리가 주문한 물품을 임의로 교체하십니까?

→ ....

5 여행 중의 불편한 점은 없으셨습니까?

→ ....

6 이 제품의 성분을 알려주시겠습니까?

→ ....

7 부근에 혹시 주차할 만한 곳이 있을까요?

→ ....

8 먼저 귀하의 방문일정을 FAX로 알려주시겠습니까?

→ ....

9 이 면도기는 한 번 충전에 몇 시간을 사용할 수 있습니까?

→ ....

10 세탁기를 구입한 지 1년도 되지 않았는데 왜 이렇게 자주 고장이 나지요?

→ ....

 71

…을 더 좋아하다
更喜欢…

나는 사과를 더 좋아합니다.

단어 사과 : 苹果 píngguǒ　　더 : 更 gèng

작문 我**更喜欢**吃苹果。
Wǒ gèng xǐhuan chī píngguǒ.

1 '좋아하다'는 '喜欢'으로 대응이 되겠지만, 목적어는 그에 어울리는 동사와 함께 동목구를 구성하여 주는 것이 좋다.

● 나는 **자전거타기**를 그리 좋아하지 않습니다.
我不太喜欢**骑自行车**。
Wǒ bú tài xǐhuan qí zìxíngchē.

2 이 문장에는 비교의 대상이 나타나 있지 않지만 의미상 '다른 과일보다는 …'이라는 뜻을 찾아내 문장을 세밀하게 만들 수 있다. 이러한 의도로 '나는 배보다 사과를 더 좋아합니다'를 중국어로 옮길 경우, '我比梨更喜欢吃苹果'라고 하는 것보다는 '我觉得苹果比梨更好吃(나는 사과가 배보다 더 맛있다고 생각합니다)'라고 하거나 '梨好吃, 可我更喜欢吃苹果(배가 맛있기는 하지만 나는 사과를 더 좋아한다)'라고 하는 것이 좋다.

● 나는 햄버거보다는 피자가 더 좋습니다.
我喜欢吃汉堡包, 但更喜欢吃皮杂饼。
Wǒ xǐhuan chī hànbǎobāo, dàn gèng xǐhuan chī pízábǐng.

바로잡기

- 能的事比不能的非常少。(✕)
  Néng de shì bǐ bùnéng de fēicháng shǎo.
- 办得到的事少, 办不到的事多。(○)
  Bàndédào de shì shǎo, bànbudào de shì duō.

'할 수 있는 일'은 '办得到的事', '할 수 없는 일'은 '办不到的事'라고 한다. 전자가 후자보다 적다고 말할 경우, '…比…少'의 형식을 취할 수 있는데, 비교문에서 '非常'이라는 부사로 술어 '少'를 수식하면 매우 어색하니 술어의 뒤에 '得多'라는 보어를 붙여 '办得到的事比办不到的事少得多了'라고 할 수 있다. 그러나 이 경우, '办得到的事少, 办不到的事多'라고 하는 것이 좋다.

72

我觉得~, 可他却说…

나는 영화가 재미있는데 그 친구는 연극구경이 재미있다고 합니다.

단어 영화 : 电影 diànyǐng   재미있다 : 有意思 yǒuyìsi   연극 : 话剧 huàjù
구경하다 : 看 kàn

작문 我觉得看电影有意思, 可那个朋友却说看话剧有意思。
Wǒ juéde kàn diànyǐng yǒuyìsi, kě nà ge péngyou què shuō kàn huàjù yǒuyìsi.

1 '나는 …이 재미있다'는 주관적인 생각으로 다음과 같이 표현한다.

- 나는 퀴즈 프로그램이 재미있습니다.
  我觉得猜谜节目有意思。
  Wǒ juéde cāimí jiémù yǒu yìsi.

2 이 문장은 앞뒤 두 개의 단문이 연결되어 이루어진 것인데, 그 사이에 전환관계를 표시하는 접속사 '可(是)'를 사용해야 한다.

- 그는 외국인이지만 한국에서 꽤 오래 살았습니다.
  他是外国人, 可住在韩国的时间并不短。
  Tā shì wàiguórén, kě zhùzài Hánguó de shíjiān bìng bù duǎn.

3 '…라고 하다'는 남의 말을 간접적으로 전하는 표현으로 '听说…' 또는 '据说…'를 사용해 표현한다.

- 다음 주에 한일극장에서 중국영화를 상영한다고 해요.
  听说下星期韩一电影院上演中国电影。
  Tīngshuō xià xīngqī Hányī diànyǐngyuàn shàngyǎn Zhōngguó diànyǐng.

바로잡기

- 这部电影不如上一次电影有意思。(×)
  Zhè bù diàngyǐng bùrú shàng yícì diànyǐng yǒuyìsi.
- 这部电影不如那部。(○)
  Zhè bù diànyǐng bùrú nà bù.

'不如(…만 못하다)'를 사용하면 비교의 내용이 함축적으로 표현된다. 그러므로 'A 不如 B'에 다른 서술 성분을 붙일 필요가 없다. 그리고 '上一次(지난번)'는 영화의 수량사가 될 수 없는 것이므로 '지난번에 보았던(上次看的)'이라고 하거나 '그(那部)'라고 하는 것이 좋다. '那部电影有意思'라고만 해도 문맥 속에서는 의미가 전달된다.

나는 ~하고, 동생은 …한다
我～, 弟弟…

나는 중국어를 배우고 동생은 일본어를 배웁니다.

단어 배우다 : 学 xué

작문 我学汉语, 弟弟学日语。
Wǒ xué Hànyǔ, dìdi xué Rìyǔ.

1 이 문장의 경우, 앞뒤의 두 절이 별다른 접속사 없이 '쉼표(逗号)' 하나로 연결된다.

- 나는 텔레비전을 보고 그는 잡지책을 읽고 있습니다.
  我在看电视, 他在看画报。
  Wǒ zài kàn diànshì, tā zài kàn huàbào.

- 우리는 열두 명이고 그들은 열 명입니다.
  我们十二个人, 他们十个人。
  Wǒmen shí'èr ge rén, tāmen shí ge rén.

- 男人**好**漂亮的女人, 女人**好漂亮**的男人。(×)
  Nánrén hào piàoliang de nǚrén, nǚrén hào piàoliang de nánrén.
- 男人**喜欢**漂亮的女人, 女人**喜欢英俊**的男人。(○)
  Nánrén xǐhuan piàoliang de nǚrén, nǚrén xǐhuan yīngjùn de nánrén.

이 문장은 구조상 앞뒤가 대칭되도록, 그리고 쉼표를 사용하여 잘 연결된 문장이다. 그러나 여자를 묘사할 때 주로 쓰이는 형용사 '漂亮'을 '男人' 앞에 붙이는 것은 적절치 못하며 '英俊的男人(잘 생긴 남자)'이라고 하는 것이 좋다. 그리고 '好 hào'는 '좋아하다'는 뜻으로 쓰이지만 여기서는 '습관적으로 무엇을 밝히다'로 이해해야 하므로 '喜欢'으로 고쳐야 한다.

74

...이 나만하다
有我这么…

그의 체격은 나만 합니다.

단어 체격 : 体格 tǐgé

작문 他体格**有我这么**大。
Tā tǐgé yǒu wǒ zhème dà.

1 '…만하다'는 '…만큼 어떠하다'로 새겨 그 속에 함축되어 있는 형용사를 찾아 내어 '有这么(那么)…'로 작문하는 것이 좋다. 그리고 '这么/那么'는 远近 의 개념이 내포되어 있는 지시대체사로 1, 2인칭 '我'와 '你'에는 '这么', 2, 3 인칭에는 '那么'로 쓴다.

- 그녀는 **그만큼** 빨리 뛰지요.
  她跑得**有他那么**快。
  Tā pǎo de yǒu tā nàme kuài.

- 그는 일에 있어서 **당신만 못합니다.**
  他工作**没有你这(那)么**认真。
  Tā gōngzuò méiyǒu nǐ zhè(nà)me rènzhēn.

바로잡기

- 弟弟打字有我**那么**快了。(×)
  Dìdi dǎzì yǒu wǒ nàme kuài le.
- 弟弟打字有我**这么**快了。(○)
  Dìdi dǎzì yǒu wǒ zhème kuài le.

'동생이 타자를 나만큼 빠르게 친다'는 뜻인데, 1인칭 '我'에는 '这么…'라고 해야 한다.

75

～이 -보다 더 …하다
～比 - 更… / - 没有～ …

단어 버스 : 汽车 qìchē   지하철 : 地铁 dìtiě   빠르다 : 快 kuài

작문 a. 地铁**比**汽车**更**快。
　　　 Dìtiě bǐ qìchē gèng kuài.

　　 b. 汽车**没有**地铁快。
　　　 Qìchē méiyǒu dìtiě kuài.

1 이 문장은 a, b 두 가지 형식으로 작문이 가능한데, 전자는 지하철이 빠르다는 점을, 후자는 버스가 느리다는 점을 강조한다. 그러나 a의 경우 양자가 모두 다 빠르다는 것을 전제한다는 점이 b의 경우와 다르다.

2 '버스보다는'을 '버스(를 타고 가는 것)보다는(坐汽车去)'으로 내용을 보충하여 다음과 같이 표현해도 좋다.

● 버스를 타고 가는 것은 지하철을 타는 것보다 느리지요.
　 坐汽车去没有坐地铁快。
　 Zuò qìchē qù méiyǒu zuò dìtiě kuài.

바로잡기

● 釜山**不如**汉城**大**。（×）
　 Fǔshān bùrú Hànchéng dà.
● 釜山**没有**汉城**大**。（○）
　 Fǔshān méiyǒu Hànchéng dà.

앞서 '不如'에 대하여 설명하였던 것과 같이, 이 문장에서는 '大'가 필요없다. 그러나 환경이나 여건 등은 제외하고 크기에만 국한하여 말한다면 '釜山没有汉城大' 혹은 '釜山比汉城小'라고 하는 것이 더 좋다.

76 ～ 말고 …합시다
不要～, …吧

양복 말고 평상복을 입도록 합시다.

단어 양복 : 西裝 xīzhuāng   평상복 : 便服 biànfú   입다 : 穿 chuān

작문 **不要**穿西裝, 我们穿便服**吧**。
Búyào chuān xīzhuāng, wǒmen chuān biànfú ba.

1 이 문장의 경우 쉼표를 사이에 두고 부정형식의 단문과 긍정형식의 단문을 앞
뒤로 배열한 것이다.

- 오늘은 **가지 말고** 내일 **가도록 합시다**.
  今天**不要去**, 明天**去吧**。
  Jīntiān búyào qù, míngtiān qù ba.

2 '穿'은 '不 / 没有'로 부정하면 '안 입는다 / 입지 않았다'는 뜻이다. 본문의 의
도대로 한다면 권유 또는 저지의 의도로 '不要(…하지 마시오)'를 써야 한다.

- 나는 양복을 전혀 **입지 않습니다**.
  我从来**不穿**西裝。
  Wǒ cónglái bù chuān xīzhuāng.

- 나는 그 날 양복을 **입지 않았습니다**.
  那天我**没有穿**西裝。
  Nàtiān wǒ méiyǒu chuān xīzhuāng.

바로잡기

- 北京不去了, 但是我**去**一趟上海。(×)
  Běijīng búqù le, dànshì wǒ qù yì tàng Shànghǎi.
- 北京不去了, 但是我**要去**一趟上海。(○)
  Běijīng búqù le, dànshì wǒ yào qù yì tàng Shànghǎi.

뒤의 절에 하고자 한다는 의미의 조동사 '要'를 동사 '去' 앞에 넣어야 한다.

~ 중에서 제일 …하다
在~当中,最…

우리 부서의 남자 중에서 그의 키가 제일 커요.

단어 부서 : 单位 dānwèi   크다 : 高 gāo, 大 dà

작문 **在**我们单位的男同事**当中**, 他的个子**最**高。
Zài wǒmen dānwèi de nántóngshì dāngzhōng, tā de gèzi zuì gāo.

1 남자를 '男人'이라 할 수 있지만, 이 경우에는 '남자 동료'라는 의미로 '男同事'라고 하는 것이 좋다. 그리고 다음과 같이 상황에 따라 달리 표현한다.

- **중국 남자**는 손님을 위해 요리를 하곤 하지요.
  中国男人经常下厨为客人做菜。
  Zhōngguó nánrén jīngcháng xiàchú wèi kèrén zuòcài.

- 우리 학교에는 **남자**보다 여자가 더 많습니다.
  我们学校女生比**男生**多。
  Wǒmen xuéxiào nǚshēng bǐ nánshēng duō.

2 강조의 의미로 '(가장 키가 큰 사람)으로 꼽힌다'라고 할 경우, '他' 앞에 '数'를 붙여 '数他个子最高'라고 하면 된다.

- 이 동아리에서 **내 나이가 가장 많습니다.**
  在这个社团里, **数我年纪最大。**
  Zài zhè ge shètuán li, shǔ wǒ niánjì zuì dà.

바로잡기

- 在北京交的一个朋友给我留下了**最深刻**的印象。(×)
  Zài Běijīng jiāo de yí ge péngyou gěi wǒ liúxià le zuì shēnkè de yìnxiàng.
- 在北京交的一个朋友给我留下了**很深刻**的印象。(○)
  Zài Běijīng jiāo de yí ge péngyou gěi wǒ liúxià le hěn shēnkè de yìnxiàng.

이 문장은 '북경에서 사귀었던 어떤 친구가 나에게 깊은 인상을 심어주었다'는 뜻으로, '深刻的印象' 앞에 수식어를 붙일 경우 '最'보다는 '很'이나 '极为'를 붙이는 것이 좋겠지만, 수식어를 붙이지 않더라도 이미 충분히 의도를 반영하고 있는 것으로 볼 수 있다.

78

~은 ㅡ보다 조금 더 …하다
～比ㅡ，…一点儿

단어 조금 : 稍微… 一点儿 shāo wēi … yìdiǎnr 무게 : 重量 zhòngliàng

작문 这个**比**那个大**一点儿**，但是没有那个重。
Zhè ge bǐ nà ge dà yìdiǎr, dànshì méiyǒu nà ge zhòng.

1 '~하기는 하지만 …'는 '虽然~但是…'이며 가끔 위의 작문과 같이 '虽然' 이 생략되기도 한다.

- 가격이 비싸기는 **하지만**, 품질은 좋은 편입니다.

  价钱贵点儿，**但是**质量较好。
  Jiàqián guì diǎnr, dànshì zhìliàng jiào hǎo.

2 '무게가 덜 나가다'는 '가볍다'로 새겨 '轻'이라고 할 수도 있지만, 위의 작문 과 같이 '그것만큼 무겁지 않다'는 뜻으로 '没有那个重'이라고 하는 것이 좋 다.

3 '一点儿'이 술어 뒤에 놓이는 데 반하여 술어 앞에서 부사로 쓰이며 다소 여 의치 않다든지, 불만스럽다는 감정을 나타내는 것이 '有点'인데, 어순에 유의 하며 살펴보도록 하자.

- 이 신발 **조금** 크군요.

  这双鞋**有点儿**大。
  Zhè shuāng xié yǒudiǎnr dà.

- 女人**比**男人的外貌**重视**经济的能力。(×)
  Nǚrén bǐ nánrén de wàimào zhòngshì jīngjì de nénglì.
- 女人**认为**经济能力**比**外貌**更重要**。(○)
  Nǚrén rènwéi jīngjì nénglì bǐ wàimào gèng zhòngyào.

이 문장의 의도는 '여자는 (결혼할 상대인) 남자의 외모도 중요하지만 경제적인 능력을 더 욱 중요시한다'는 것이다. 이 경우 문장을 '여자는 경제적인 능력을 외모보다 더 중요한 것 으로 생각한다'로 고쳐 말하는 것이 좋다.

79

···한 편이다
比较···

단어 ···을 즐겨 보다 : 喜欢看··· xǐhuan kàn···

작문 我比较喜欢看中国电影。
Wǒ bǐjiào xǐhuan kàn Zhōngguó diànyǐng.

1 '즐겨 보다'에는 '자주 본다'는 의미도 내포되어 있어서, '我常看中国电影'이라고 해도 좋다.

- 이 식당은 내가 **즐겨 찾는 곳**이지요.
  这家餐厅是我**常来的地方**。
  Zhè jiā cāntīng shì wǒ cháng lái de dìfang.

- 냉면은 내가 **즐겨 먹는 한국 음식**이지요.
  冷面是我**常吃的韩国饭**。
  Lěngmiàn shì wǒ cháng chī de Hánguó fàn.

2 이 말에 선행하여 각국 영화에 대한 논의가 있었다면 분명 비교의 의미를 가지고 있는 것으로 '나는 다른 나라의 영화는 잘 보지 않는다(我不太喜欢看外国的电影)'는 뜻으로 받아들여질 수도 있다.

바로잡기

- 他爱唱歌。(×)
  Tā ài chànggē.
- 他很爱唱歌。(○)
  Tā hěn ài chànggē.

이는 구조상 이상이 없는 문장이다. 그러나 상황에 따라 비교의 의도가 포함될 수도 있으므로 동사 '爱'에 부사 '很'을 붙여 '他很爱唱歌'라고 하는 것이 좋다.

80

특히 …

尤其…

중국어와 일어와 한국어 모두 어려운데 그 중에서 한국어가 **가장** 어려워요.

단어 어렵다 : 难 nán

작문 汉语、日语、韩语都难学, 韩语**尤其**难学。
Hànyǔ, Rìyǔ, Hányǔ dōu nán xué, Hányǔ yóuqí nán xué.

1 '어렵다'는 '…하기에 어렵다'로 변환하여 '难' 뒤에 어울릴 만한 동사를 붙여 주는 것이 좋다.

- 요즘 생활이 참 **어렵습니다**.
  近来日子很**难过**。
  Jìnlái rìzi hěn nánguò.

- 이 글자는 너무 **쓰기 어려워요**.
  这个字太**难写**了。
  Zhège zì tài nán xiě le.

2 '가장'은 '最' 또는 '특히'라는 뜻으로 '尤其'를 쓸 수 있다.

- 수송 문제는 우리가 **특히** 주의를 기울여야 할 문제입니다.
  运送问题是我们**尤其**需要留意的一点。
  Yùnsòng wèntí shì wǒmen yóuqí xūyào liúyì de yìdiǎn.

바로잡기

- 我喜爱音乐**比别的**。(×)
  Wǒ xǐài yīnyuè bǐ biéde.

- 我**尤其**喜爱音乐。(○)
  Wǒ yóuqí xǐài yīnyuè.

이 작문의 의도는 '다른 무엇보다도 음악을 사랑한다'는 것인데, 이 경우, '尤其(모든 것 가운데서 특히)'라는 함축적인 부사를 사용하여 '我尤其喜爱音乐'라고 하는 것이 간결하고 좋다.

1 친구들 가운데 당신이 가장 믿음직해 보입니다.

→

2 나는 독서가 그 무엇보다도 유익한 취미라고 봅니다.

→

3 이 가방은 품질이 저것만 훨씬 못합니다.

→

4 우리는 비록 수적으로 열세에 놓여 있지만 실력은 결코 남에게 뒤지지 않습니다.

→

5 이곳의 소비자들은 고가품을 더 선호합니다.

→

6 물론 택시를 타는 것이 버스보다는 편하지만 속도에 있어서는 결코 빠르지 않습니다.

→

7 저가의 실용적인 제품을 선택할 줄 아는 안목이 무엇보다 중요합니다.

→

8 패스트 푸드가 잘 팔리는 것이 예전과 다른 점입니다.

→

9 서둘러 제품을 시장에 내놓는 것보다는 연구개발에 조금 더 신경을 쓰는 것이 좋습니다.

→

10 제가 찾아가는 것보다 사장이 직접 가는 것이 효과적일 것입니다.

→

다음에 …하자

下次…吧

> 지금 가지 말고 **다음에** 갑시다.

단어 지금 : 现在 xiànzài   가다 : 去 qù   다음에 : 下次 xià cì

작문 现在不要去，**下次**去**吧**。
Xiànzài búyào qù, xià cì qù ba.

1 '…하고 …'를 어떻게 대응할 것인가 고민을 하게 되는데, 이 경우 간단하게 문장부호 쉼표 ' , ' 하나로 처리할 수 있다. 그리고 어떤 일을 미루어 다음에 하자고 할 때 '다시'의 뜻으로 '再'를 쓴다.

- 오늘은 쉬고 내일 합시다.

  今天休息一天，明天**再**做吧。
  Jīntiān xiūxi yì tiān, míngtiān zài zuò ba.

2 '다음에'는 '改天'이라고 표현해도 좋다.

- **다음에** 다시 찾아뵙도록 하겠습니다.

  我**改天**再来拜访您。
  Wǒ gǎitiān zài lái bàifǎng nín.

바로잡기

- 我幸亏**没去外面**。(×)
  Wǒ xìngkuī méi qù wàimiàn.
- 我幸亏**没有出门**。(○)
  Wǒ xìngkuī méiyǒu chūmén.

'외출하지 않았다'라고 하면 '没去外面'이 아니라 '没有出去'나 '没有出门'이라고 하는 것이 적절하다.

처소사를 구체적으로 제시할 경우 일단 행위나 활동을 제한하고 그 뒤에 문맥을 통하여 알 수 있는 내용이 포함되어 있다든지 아니면 활동에 관한 구체적인 표현이 뒤따르는 것이 좋다.

- 我幸亏没去那家超市买东西。
  Wǒ xìngkuī méi qù nà jiā chāo shì mǎi dōngxi.

82 ~하거나 …하다
~或者…

틈이 날 때는 책을 읽거나 음악을 듣습니다.

단어 틈 : 空 kòng, 时间 shíjiān   음악 : 音乐 yīnyuè   듣다 : 听 tīng

작문 有空的时候，看书**或者**听音乐。
Yǒu kòng de shíhou, kànshū huòzhě tīng yīnyuè.

1 '或者'를 우리의 漢字語로 뜻을 새기면 '어떤 사람은'이라는 전혀 다른 뜻이 되는데, 이를 중국어로 '有的人'이라고 해야 한다.

- **혹자**는 이를 두고 시간 낭비라고 합니다.
  有的人说这是浪费时间。
  Yǒuderén shuō zhè shì làngfèi shíjiān.

- **어떤 사람**은 노래를 좋아하고 또 **어떤 사람**은 춤추기를 좋아합니다.
  有的人喜欢唱歌，有的人喜欢跳舞。
  Yǒuderén xǐhuan chànggē, yǒuderén xǐhuan tiàowǔ.

2 표제 내용을 보다 습관적인 일상으로 표현할 경우, '一…就…'를 사용하여 다음과 같이 말하면 된다.

- 나는 틈**만** 나**면** 책을 보거나 음악을 듣습니다.
  我一有空，**就**看书或者听音乐。
  Wǒ yì yǒu kòng, jiù kànshū huòzhě tīng yīnyuè.

바로잡기

- 他现在画画儿好。(×)
  Tā xiànzài huà huàr hǎo.
- 他现在画画得很好。(○)
  Tā xiànzài huà huà de hěn hǎo.

이 비문을 있는 그대로 말하면 '그는 지금 다른 일을 하는 것보다 그림을 그리는 것이 낫다.'이다. 그러나 '그림을 하나의 특기'로 보아 이렇게 말했다면 '그림을 잘 그리다 / 画画 得很好'라고 해야 한다.

83 ···하거나 말거나 뜻대로 해라
···不···, 由你

단어 뜻 : 意向 yìxiàng, 意思 yìsi

작문 去**不**去, **由你**。
Qù búqù, yóu nǐ.

1 '由你'는 '당신 마음대로 (결정)하세요 / 由你来决定' 이라는 뜻이다.

2 이 문장 전체를 보다 정중하고 공손한 표현으로 '请便 / 편한 대로 하세요'가
있고, 퉁명스런 말투로 이렇게 말해도 된다.

- 믿거나 말거나 당신 마음대로 하세요.
  信**不**信, **由你**。
  Xìn bú xìn, yóu nǐ.

- 이 일은 당신 마음대로 안될 겁니다.
  这件事**由不得**你。
  Zhè jiàn shì yóu bude nǐ.

바로잡기

- 我给您**随随便便地写**信, 请了解一下。(×)
  Wǒ gěi nín suísuí biànbiàn de xiěxìn, qǐng liǎojiě yíxià.
- **字迹潦草**, 敬请谅解。(○)
  Zìjì liáocǎo, jìng qǐng liàngjiě.

이 비문에서 사용된 '随随便便(마음대로)'은 내용이나 필적이 정성스럽지 못하다는 의미에
서 '아무렇게' 편지를 썼다는 것이다. 이 경우 내용에 대한 것이라면 '草草置笔(대충하고 붓
을 내려놓다)' 또는 '拉拉杂杂说了一大堆(이것 저것 두서없이 말을 하다)'라고 하고 필적에
대한 것은 위에서 보듯 '字迹潦草(글씨를 휘갈겨쓰다)'라고 하고 그 뒤에 '敬请谅解'라고
하면 된다.

84 ···하는 것이 좋을지 모르겠다
不知道···才好

그곳까지 무엇을 타고 가는 것이 좋을지 모르겠습니다.

단어 그 곳 : 那儿 nàr, 那个地方 nà ge dìfang   타다 : 坐 zuò

작문 我**不知道**坐什么去那儿**才好**。
Wǒ bùzhīdào zuò shénme qù nàr cái hǎo.

1 '무엇을'은 교통수단을 말하는 것으로 '什么车'에서 '车'는 생략할 수 있다.

● 무엇을 타고 가야 편한지 말씀드리겠습니다.
我告诉你**坐什么去**比较方便。
Wǒ gàosu nǐ zuò shénme qù bǐjiào fāngbiàn.

2 사리에 대한 판단을 해야 할 경우, '不知道该怎么···'이라고 한다.

● 어떻게 그분에게 말씀드려야 할지 모르겠습니다.
我**不知道该怎么**对他说。
Wǒ bùzhīdào gāi zěnme duì tā shuō.

바로잡기

• 我的心里快乐得不知道怎么形容。(×)
Wǒ de xīnli kuàilè de bùzhīdào zěnme xíngróng.
• 我快乐极了,不知说些什么才好。(○)
Wǒ kuàilè jíle, bùzhī shuō xiē shénme cái hǎo.

'快乐'는 그 자체로서 심리 상태를 표현하는 술어가 되며 주어는 '我的心里'라고 하지 않고 간단하게 '我'라고 하면 된다. 그 뒤에는 아주 긴 보어가 따르고 있는데 '才好'를 붙이면 완전한 문장이 되겠으나 길다. 그러므로 아래 제시된 문장처럼 복문으로 만드는 연습을 많이 해두는 것이 좋다.

85 ···도 되고 ···도 되다

可以···也可以···

단어 침대 : 床 chuáng   자다 : 睡 shuì   방바닥 : 地板 dìbǎn, 炕 kàng

작문 你**可以**睡床, **也可以**睡地板。
Nǐ kěyǐ shuìchuáng, yě kěyǐ shuì dìbǎn.

1 '可以···也可以···'는 '어떻게 하든 상관없다'는 의미로 '···也行, ···也行'으로 표현할 수도 있다.

● 침대에서 자도 **되고**, 바닥에서 자도 **괜찮습니다**.
睡床**也行**, 睡地板**也行**。
Shuì chuáng yě xíng, shuì dìbǎn yě xíng.

2 '···에서 자다'의 '···'는 우리가 생각하는 처소나 공간의 개념이 아닌 도구로 보아 목적어로도 처리된다.

● 나는 **침대에서 자는 것**이 정말 싫습니다.
我真不喜欢**在床上睡觉**。
Wǒ zhēn bù xǐhuan zài chuángshàng shuìjiào.

我真不喜欢**睡床**。
Wǒ zhēn bù xǐhuan shuì chuáng.

바로잡기

• 我喜欢床上睡觉。(×)
Wǒ xǐhuan chuángshàng shuìjiào.

• 我喜欢**在床上**睡觉。(○)
Wǒ xǐhuan zài chuángshàng shuìjiào.

이 문장은 어순을 그대로 유지하며 '床上' 앞에 '在'를 붙이면 된다.

~할까요, …할까요?
~, 还是…?

올 여름에는 산으로 갈**까요**, 바다로 갈**까요**?

단어 올해 : 今年 jīnnián   여름 : 夏天 xiàtiān   산 : 山 shān   바다 : 海 hǎi

작문 今年夏天去爬山，**还是**去海边游泳？
Jīnnián xiàtiān qù páshān, háishi qù hǎibiān yóuyǒng?

1 '산으로 가다'는 그대로 대응한다면 '上山'이라고 하겠지만 이보다 구체적으로 '등산'이라는 개념을 부각하여 '爬山'이라고 하는 것이 좋다. '바다로 가다' 역시 '去海边'이라고만 하기보다는 '去海边游泳'이라고 해야 한다.

- 나는 **실내 수영장**이 싫습니다.

  我不喜欢**去室内游泳场游泳**。
  Wǒ bù xǐhuan qù shìnèi yóuyǒngchǎng yóuyǒng.

2 '还是'는 이와 같이 선택적 의미로 사용되는 것 외에도 '역시'라는 뜻으로 쓰인다.

- **역시** 그의 말이 옳습니다.

  还是他说得对。
  Háishi tā shuō de duì.

바로잡기

- 我们喜欢**在民俗村去玩**。(×)
  Wǒmen xǐhuan zài mínsúcūn qù wán.
- 我们想**去民俗村玩玩儿**。(○)
  Wǒmen xiǎng qù mínsúcūn wánwanr.

비문 속의 '在民俗村'은 '去…'이나 '到…去'로 바꿔야 한다. 흔히 '在'를 무조건 '…에'로 대응하여 틀리는 경우가 많은데, 이 경우 우리가 지금 있는 곳을 떠나 다른 곳으로 간다는 것을 앞세워 '去…'라고 하고 그 뒤에 목적에 해당하는 동사 '玩'을 붙여야 한다. 그리고 '玩'은 가벼운 느낌을 주는 중첩의 형식을 취하는 것이 좋다.

87 ···에게 달려 있다
要看···怎么样

> **어떻게 할지는 당신에게 달려 있습니다.**

단어 ···에 달려 있다 : 要看··· yào kàn···

작문 这件事**要看**你**怎么样**。
Zhè jiàn shì yào kàn nǐ zěnmeyàng.

1 '어떻게 할지'는 '要怎么样'으로 대응되는 것이지만 작문상 '···에게 달려 있다'에도 '怎么样'이 다시 쓰여야 하므로 '이 일은'으로 대체하여 '这件事'로 바꿔 말해도 무방하고 아니면 '要怎么样就要看你了'라고 해야 한다.

- **어떻게 할지**를 결정하셨습니까?

  这件事你打算怎么样?
  Zhè jiàn shì nǐ dǎsuan zěnmeyàng?

2 '···에 달려 있다'는 '取决于···'를 이용하여 문어적으로 처리할 수 있다.

- 한 사람의 성공 여부는 그 사람의 노력 여하**에 달려 있다**.

  一个人成功与否**取决于**他是否努力。
  Yí ge rén chénggōng yǔfǒu qǔjué yú tā shìfǒu nǔlì.

바로잡기

- **随着你的态度**,我决定了这个问题。(×)
  Suí zhe nǐ de tàidù, wǒ juédìng le zhè ge wèntí.

- 能否解决这个问题,**得看你的态度怎么样**。(○)
  Néngfǒu jiějué zhè ge wèntí, děi kàn nǐ de tàidù zěnmeyàng.

'···에 따라'를 '随着···(하나의 현상이 다른 현상의 영향으로 어떻게 전개된다)'로 대응하면 원래 의도하였던 '의거'의 의미와는 거리가 있다. 이 경우 '这个问题'를 풀어야 할 것으로 본다면 풀릴지의 여부 '能否解决'라는 표현이 연상될 것이다. 그리고 양자를 위에서 본 것과 같이 정반의문문의 형식으로 배열하고 그 뒤에 '得看···怎么样'를 붙이면 된다.

…나 하려고 하다

要+동+点…

이번 방학에는 영어나 배우려고 합니다.

단어 방학 : 放假(期间) fàngjià(qījiān)　　영어 : 英语 Yīngyǔ

작문 放假期间这学期我**要学点**英语。
Fàngjià qījiān zhè xuéqī wǒ yào xuédiǎn Yīngyǔ.

1 '이번'은 '这次'로 대응되는 것이지만, 현시점에 다가온 방학이 여름방학(暑假)인지 겨울방학(寒假)인지를 살펴 다음과 같이 표현한다.

- **이번 방학**에는 아르바이트를 해야 합니다(여름).

  今年暑假要打工。
  Jīnnián shǔjià yào dǎgōng.

2 '… 나 / …点'는 차선책으로 무엇을 선택하게 될 경우 비교적 가벼운 느낌으로 쓰인다.

- 오늘은 갈 곳도 없으니 책**이나** 보지요.

  今天没地方去, 就看**点**书吧。
  Jīntiān méi dìfang qù, jiù kàn diǎn shū ba.

바로잡기

- **不但我**学英语, 而且还学法语。(×)
  Búdàn wǒ xué Yīngyǔ, érqiě hái xué Fǎyǔ.
- **我不但**学英语, 而且还学法语。(○)
  Wǒ búdàn xué Yīngyǔ, érqiě hái xué Fǎyǔ.

'不但~而且…'를 사용할 때 어순 즉 주어의 위치에 신경을 써야 한다. 이 문장이 하나의 주어에 대한 서술일 경우 제시된 답에서 보는 바와 같이 '我(주어)'는 맨 앞에 두어야 한다. 그러나 앞뒤에 각각 하나의 주어가 있는 경우, 아래와 같이 표현해야 한다.

- 不但我会说英语, 而且他也会说英语。
  Búdàn wǒ huì shuō Yīngyǔ, érqiě tā yě huì shuō Yīngyǔ.

89 ···하는 것이 좋을 것 같다
我看，还是要···

시골에 내려가보는 것이 좋을 것 같습니다.

단어 시골 : 乡下 xiāngxia, 老家 lǎojiā

작문 我看，还是要回老家看看。
Wǒ kàn, háishi yào huí lǎojiā kànkan.

1 '···하는 것이 좋을 것 같다'는 한 사실에 대한 판단으로 개인적인 의견 피력일 경우, '我看···(내가 보기에는 ···)'를 문장 맨 앞에 붙이는 것이 좋다.

● 이 일은 네가 맡아 하는 것이 좋을 것 같구나.

我看，这件事还是要由你来负责。
Wǒ kàn, zhè jiàn shì háishi yào yóu nǐ lái fùzé.

2 흔히 우리는 고향을 시골로 표현하며 특히 서울에 사는 사람들은 내려간다는 표현을 많이 한다. 그러므로 직접적인 대응을 한다면 아래 바로잡기에서 보이는 잘못된 표현을 하게 된다.

바로잡기

• 这些年来我不下去我的乡下。(✕)
Zhè xiē nián lái wǒ bú xiàqù wǒ de xiāngxià.

• 这两年我没有回老家。(○)
Zhè liǎng nián wǒ méiyǒu huí lǎojiā.

'내려가다'는 분명 '下去'지만 '回'를 써서 '돌아가다'라고 해야 한다. 그리고 이를 부정할 때에는 '没有/没'를 써야 한다.

90

~이 아니라 …에 있다
不在~在…

식당은 저쪽이 아니라 이쪽에 있습니다.

단어 식당 : 食堂 shítáng   저쪽 : 那边 nàbiānr   이쪽 : 这边 zhèbiānr

작문 食堂**不在**那边儿**在**这边儿。
Shítáng búzài nàbiānr zài zhèbiānr.

1 '~이 아니라 …에 있다'를 표현할 경우 '~에 있지 않고 …에 있다'로 생각하고 '在'를 두 번 쓰도록 하자.

- 종각은 을지로가 **아니라** 종로에 **있어요.**
  钟阁**不在**乙支路在钟路。
  Zhōnggé búzài yǐzhīlù zài zhōnglù.

2 '那边', '这边'은 '那儿', '这儿'이라고 해도 된다. 그리고 사람 이름이나 인칭대사 뒤에 이것들을 붙이면 처소명사로 활용이 가능하다.

- 사전은 **내가** 가지고 있습니다.
  词典在**我这儿**。
  Cídiǎn zài wǒ zhèr.

- **소정에게는** 많은 자료가 있습니다.
  素静那儿有很多资料。
  Sùjìng nàr yǒu hěn duō zīliào.

바로잡기

- 书店没有楼上。(✕)
  Shūdiàn méiyǒu lóushàng.
- 楼上没有书店。(○)
  Lóushàng méiyǒu shūdiàn.

'서점은 위층에 있지 않고 아래층에 있다'는 의도라면 '书店不在楼上, 在楼下.' 그런데 '위층에는 서점이 없다'고 할 경우 '~没有…'라고 해야 한다.

1 오늘보다는 다음에 가는 것이 좋을 것 같습니다.

➡

2 무엇을 먼저 할지는 그때의 상황에 달려 있습니다.

➡

3 몸에 맞는 옷을 고르기보다는 상표를 따지는 경향이 있습니다.

➡

4 내 뜻대로 할 수만 있다면 이 구두를 버리고 싶습니다.

➡

5 아침에 일어나 밥을 먼저 먹고 세수를 하는 경우도 있습니다.

➡

6 날씨가 무더울 때에는 역시 방바닥에 눕는 것이 시원합니다.

➡

7 동기가 있는 것이 없을 때보다 능률이 더 오르지요?

➡

8 먼저 호텔방을 예약해 놓는 것이 좋을 것 같습니다.

➡

9 이 일은 역시 정수진에게 맡기는 것이 더 좋습니다.

➡

10 우리는 당신의 결정을 따르기로 했습니다.

➡

91

~하게 되면 …하겠다

要是~, 我会…

금요일에 출장을 **가게 되면** 다시 찾아뵙도록 **하겠습니다.**

단어 금요일 : 星期五 xīngqīwǔ   출장 : 出差 chūchāi
나중 : 下一次 xià yícì, 改天 gǎitiān

작문 **要是**星期五出差, **我会**改天去拜访您。
Yàoshi xīngqīwǔ chūchāi, wǒ huì gǎitiān qù bàifǎng nín.

1 '나중에'는 흔히 '下一次'라는 표현으로 '你们下一次再来'와 같이 '다음에 다시'로 이해되는 것인데, 이보다는 '오늘 하지 못하면 날을 바꿔 다시 하자'는 뜻으로 '改天'을 쓰는 것이 좋다.

● 그 문제는 **나중에** 다시 얘기하도록 합시다.
这个问题我们**改天**再商量吧。
Zhè ge wèntí wǒmen gǎitiān zài shāngliáng ba.

2 '…하겠습니다'로 가능을 표시하는 것이 조동사 '会'이다.

● 제가 그에게 이 소식을 전**하겠습니다.**
我**会**向他转告这个消息。
Wǒ huì xiàng tā zhuǎngào zhè ge xiāoxi.

바로잡기

• 我会**赶到车站去等您**。(×)
Wǒ huì gǎndào chēzhàn qù děng nín.

• 我会**去车站接你**。(○)
Wǒ huì qù chēzhàn jiē nǐ.

이 문장은 비문이라기보다는 표현이 다소 어색한 문장이다.
'마중나가다'는 말은 '等你'보다 '接你'가 더 적절한 표현이다. '赶到…去'는 '급히 달려가다'라는 뜻인데 상황이 급박할 경우, 서둘러야 할 경우에 많이 쓰인다. 일반적인 상황에서는 바로잡은 문장과 같이 쓰면 된다.

92

~하려면 …해야 한다
想~就要…

단어 해돋이 : 日出 rìchū   구경하다 : 观看 guānkàn, 看 kàn   일찍 : 早点儿 zǎodiǎnr
일어나다 : 起床 qǐcháng

작문 想看日出就要早点起床。
Xiǎng kàn rìchū jiùyào zǎodiǎn qǐchuáng.

1 '…하려면'은 '想…' 앞에 가정을 나타내는 접속사 '要是 / 如果'을 붙여 다음과 같이 표현하는 것도 좋다.

- 당신이 간**다면** 나는 가지 않겠습니다.

  要是(如果)你去我就不去了。
  Yàoshì (rúguǒ) nǐ qù wǒ jiù bú qù le.

2 구어체에서는 '要' 대신 '得'가 쓰이기도 한다. 양자 모두 이치상 마땅히, 반드시 어떠해야 한다는 의미의 조동사이다.

- 당신은 자신의 일에 충실**해야 합니다**.

  你**得**忠于你的职守。
  Nǐ děi zhōng yú nǐ de zhíshǒu.

바로잡기

- 我愿意**从事**在艺术界。(×)
  Wǒ yuànyi cóngshì zài yìshùjiè.
- 我想**从事**艺术**方面的工作**。(○)
  Wǒ xiǎng cóngshì yìshù fāngmiàn de gōngzuò.

'从事'는 '从事…方面的工作'와 같은 형식으로 쓰이며 '원하다'는 바람, 희망의 의미로 '希望…' 또는 '想…'으로 표현하는 것이 옳다. '愿意'는 아주 주관적인 욕구를 표현하는 것으로 '我愿意嘛!'라고 하면 '남이야' 하는 식의 뜻을 갖는다.

93

~했더라면 …일 것이다
要是~，现在可能…

키가 조금 더 컸**더라면** 농구선수가 되었**을 것입니다**.

단어 키 : 个子 gèzi   농구 : 篮球 lánqiú   선수 : 运动员 yùndòngyuán

작문 **要是**我的个子再高一点，**现在可能**是一个篮球运动员。
Yàoshi wǒ de gèzi zài gāo yìdiǎn, xiànzài kěnéng shì yí ge lánqiú yùndòngyuán.

1 '조금 더 …'는 '再…点儿', 그러나 '더'를 부사 '更'으로 대응하는 경우도 많은데, 전혀 다른 의미를 갖게 된다.

- 당신 키가 크다지만 철수가 당신**보다 더** 큽니다.
  人家说你个子高，可是哲洙要**比**你**更**高。
  Rénjiā shuō nǐ gèzi gāo, kěshì zhézhū yào bǐ nǐ gèng gāo.

2 '…가 되었을 것'은 '现在可能是…' 외에도 '现在就是…了'로도 표현이 가능하다.

- 당신이 날 지지해 주셨다면 난 회장**이 되었을 겁니다**.
  要是当时你支持我，**现在**会长**就是**我**了**。
  Yàoshi dāngshí nǐ zhīchí wǒ, xiànzài huìzhǎng jiùshì wǒ le.

J
가정

바로잡기

- 我把一本书一起寄给您可能在您的韩语学习方面可以帮助的。(×)
  Wǒ bǎ yì běn shū yìqǐ jì gěi nín kěnéng zài nín de Hányǔ xuéxí fāngmiàn kěyǐ bāngzhù de.
- 我捎一本书给你，它可能对你学习韩语有帮助。(○)
  Wǒ shāo yì běn shū gěi nǐ, tā kěnéng duì nǐ xuéxí Hányǔ yǒu bāngzhù.

이 비문은 문장을 장황하게 연결함으로써 만들어진 것이다. 주어 부분에 나타난 동작행위 자체가 즉 책을 보낸 그것이 한국어 학습에 도움이 될 수 있다는 것처럼 보인다. 그러므로 두 문장으로 나누어 서술하는 것이 좋다. 이 문장이 편지글이며 다소 서면적인 색채가 진한 것이라면 이렇게 써도 좋을 것이다.

- 随函寄上一本书，它可能有助于你学习韩语。
  Suíhán jìshang yì běn shū, tā kěnéng yǒu zhù yú nǐ xuéxí Hányǔ.

94

~이 되면 …해질 것이다
到了~, 就会…

가을이 되면 날씨가 선선해질 겁니다.

단어 가을 : 秋天 qiūtiān   날씨 : 天气 tiānqì   선선하다 : 凉快 liángkuài

작문 到了秋天, 天气就会凉快一些。
Dào le qiūtiān, tiānqì jiù huì liángkuài yìxiē.

1 '장차 …할 것이다' 라는 추측과 예견에는 조동사 '会' 가 쓰인다.

- 그는 중국전문가가 될 **것이다.**
  他会成为中国专家。
  Tā huì chéngwéi Zhōngguó zhuānjiā.

2 '…이 되면' 즉 '어떤 때에 이르면' 이라는 뜻으로 그 뒤의 서술을 위한 조건이나 가정을 제시한다. 이와 유사한 표현으로 '每逢…' 이 있다.

- 추석 때**가 되면** 달이 둥글고 밝다.
  到了中秋, 月亮又圆又亮。
  Dàole zhōngqiū, yuèliang yòu yuán yòu liàng.

- 추석날**에는** 늘 온 가족이 모인다.
  每逢仲秋佳节, 家人就会团聚在一起。
  Měi féng zhòngqiū jiājié, jiārén jiù huì tuánjù zài yìqǐ.

바로잡기

- 我**没有担心**我明年**一定找**工作。(×)
  Wǒ méiyǒu dānxīn wǒ míngnián yídìng zhǎo gōngzuò.

- 我**不担心**, 我明年**一定会找到**工作。(○)
  Wǒ bù dānxīn, wǒ míngnián yídìng huì zhǎodào gōngzuò.

'나는 걱정거리가 없다'고 한다면 '我没有担心事'라고 할 수 있다. 그러나 이 문장의 의도로 보아 '걱정하지 않는다'는 뜻으로 보인다. 그렇다면 부정부사 사용이 잘못된 것으로 '没有'보다는 '不'를 써서 '我不担心'이라고 해야 한다. '一定找工作'는 꼭 일을 찾겠다는 뜻으로 '일을 찾을 수 있을 것이다'와는 차이가 있으므로 '一定会找到工作'라고 해야 한다.

 **95**

~하면 …하는 게 제일이다
～了, 最好…

피곤하면 쉬는 게 제일이지요.

단어 피곤하다 : 累 lèi   …하는 것이 제일 : 最好 zuìhǎo   쉬다 : 休息 xiūxi

작문 累了，最好休息休息。
Lèile,　zuìhǎo xiūxixiūxi.

1 '어떠한 상태에 이르면 어떻게 하라'는 뜻으로 '… 了, 就…'이 쓰인다.

- 보고서가 작성되**면** 책상에 올려 놓으**시오**
  报告写好**了就**把它放在书桌上。
  Bàogào xiěhǎo le jiù bǎ tā fàngzài shūzhuō shàng.

2 '…하는 것이 제일'을 '…하는 것이 낫다'로 바꾸어 표현한다면 '…比较好'라고 한다.

- 역시 이렇게 **하는 것이 낫지요**
  还是这样做**比较好**。
  Háishi zhèyàng zuò bǐjiào hǎo.

바로잡기

- 我**愿意**那个人带我去。(×)
  Wǒ yuànyi nà ge rén dài wǒ qù.
- 我**希望**那个人带我去。(○)
  Wǒ xīwàng nà ge rén dài wǒ qù.

'나는 그 사람이 날 데리고 가주길 바란다'는 뜻이라면 '希望'을 써야 한다. 그러나 '나는 그 사람을 날 데리고 가줄 사람으로 청하고 싶다'라고 한다면 '愿意' 뒤 목적어에 '请'을 붙여 다음과 같이 말한다.

- 我**愿意请**那个人带我去。
  Wǒ yuànyi qǐng nà ge rén dài wǒ qù.

~하면 …하다

～, 就…了

> **아버지가 요리하면 맛이 없습니다.**

단어 아버지 : 爸爸 Bàba   요리하다 : 做菜 zuò cài   맛없다 : 不好吃 bù hǎochī

작문 爸爸做菜**就**不好吃**了**。
Bàba zuò cài jiù bù hǎochī le.

爸爸菜做得不好。
Bàba cài zuò de bù hǎo.

1 앞부분에 이어 결론을 도출하는 부사 '就'를 사용하여 '…, 就…了'의 형식을 구성하면 어떤 가정 또는 조건하에서 어떤 결과가 나온다는 의미를 나타낼 수 있다.

- 당신이 나서**면** 일이 잘 될 **것입니다.**

  你去**就**好办了。
  Nǐ qù jiù hǎobàn le.

- 그에게 사과를 **하면 되잖아요?**

  向他道个歉**不就好了**?
  Xiàng tā dào ge qiàn bú jiù hǎo le?

2 '맛이 있다 / 없다'고 할 때 '好吃 / 不好吃'라고 한다. '맛이 이상하다'고 할 경우는 다음과 같이 표현한다.

- 이 과일은 **변질된** 것 같아요.

  这个水果好像**有味道了**。
  Zhè ge shuǐguǒ hǎoxiàng yǒu wèidao le.

바로잡기

- 他汉语说得**比我不好**。(×)
  Tā Hànyǔ shuō de bǐ wǒ bù hǎo.

- 他汉语说得**不比我好**。(○)
  Tā Hànyǔ shuō de bùbǐ wǒ hǎo.

'그는 중국어를 나보다 잘하지 못한다'라는 의도의 비문은 제시된 답과 같이 고칠 수 있다. 그러나 이 문제를 통하여 알 수 있는 것은 표면상으로는 '比'자문의 부정형식의 오류라 볼 수도 있겠지만 '好'의 부정 즉 반의어 '差'를 알지 못하고 있는 경우라 할 수 있다는 것이다.

- 他汉语说得比我差。(○)
  Tā Hànyǔ shuō de bǐ wǒ chà.

97

~하는 대로 …하겠다
好了…就…

그 일을 끝내는 대로 연락해드리겠습니다.

단어 그 : 那件 nà jiàn　　일 : 事 shì　　끝내다 : 办好 bàn hǎo, 做好 zuò hǎo
연락하다 : 联系 liánxì

작문 办**好了**那件事**就**和你联系。
Bàn hǎo le nà jiàn shì jiù hé nǐ liánxì.

1 부사 '就'는 '…하는 대로'라는 뜻으로 동작의 연속성이 비교적 긴밀한 경우에 쓰인다.

- 밥을 먹는 **대로** 길을 떠나**겠습니다**.
  我吃了饭**就**走。
  Wǒ chī le fàn jiù zǒu.

2 '就' 앞의 동사구에 '一'를 붙여 '一…就…'의 형식을 이루기도 한다.

- 그 소식을 듣**는 대로** 사장에게 알렸**습니다**.
  我**一**听到那个消息**就**告诉老板了。
  Wǒ yì tīngdào nà ge xiāoxi jiù gàosu lǎobǎn le.

바로잡기

- 我到了汉城**一直**去公司。(×)
  Wǒ dào le Hànchéng yìzhí qù gōngsī.
- 我到了汉城**就直接**去公司见你。(○)
  Wǒ dào le Hànchéng jiù zhíjiē qù gōngsī jiàn nǐ.

비문에는 앞뒤 동사구를 연결시켜주는 '就'가 빠져 있다. 그리고 '去公司' 뒤에 그 이유(见你)를 보충해주는 것이 좋다. 여기에 사용된 '一直'은 '곧장'이 아니라 '줄곧'이라는 의미이다. 그러므로 '直接'로 교체해야 한다.

98

～라면 …해야 한다

只要是～都要…

국민**이라면** 누구나 납세를 **해야 합니다**.

단어 국민 : 国民 guómín   납세하다 : 交税 jiāo shuì

작문 **只要是**国民**都要**交税。
Zhǐyào shì guómín dōu yào jiāo shuì.

1 '누구나'는 '无论谁' 또는 '任何人'이라고 한다.

● 누구든 교육을 받을 권리가 있습니다.

无论谁都有接受教育的权利。
Wúlùn shéi dōu yǒu jiēshòu jiàoyù de quán lì.

任何人都有权接受教育。
Rènhé rén dōu yǒu quán jiēshòu jiàoyù.

바로잡기

• **谁可以有**说话的自由。(×)
Shéi kěyǐ yǒu shuōhuà de zìyóu.

• **无论是谁都有**发表意见的自由。(○)
Wúlùn shì shéi dōu yǒu fābiǎo yìjiàn de zìyóu.

• **任何人都可以**自由发表意见。(○)
Rènhé rén dōu kěyǐ zìyóu fābiǎo yìjiàn.

'谁'가 이렇게 의문대사로서 주어의 위치에 오면 의문문이 되어서 '누가 말할 자유를 가질 수 있나'로 해석할 수 있지만 문미의 마침표로 보아 의문문이 아니다. 그렇다면 '谁'를 '无论是谁都…'로 수정해야 한다.

99

要是不～, 就很难…

사람을 더 구하지 않으면 이 일을 잘 해낼 수 없습니다.

단어 구하다 : 用 yòng, 雇用 gùyòng   해내다 : 做好 zuò hǎo

작문 **要是不**多用几个人, **就很难**把这件事做好。
Yàoshi bù duō yòng jǐ ge rén, jiù hěn nán bǎ zhè jiàn shì zuò hǎo.

1 '不能 / 无法'보다 '很难…'으로 표현하면 어기가 완화된다.

- 당신의 요구를 받아들일 **수 없군요.**
  我们**很难**接受贵方的要求。
  Wǒmen hěn nán jiēshòu guìfāng de yāoqiú.

2 '多'는 '수량이 많다'는 뜻인데, 다음과 같이 동사를 수식하면 '많이' '더'와 같은 뜻이 된다.

- 조금 **더** 드세요!
  请**多**用(吃)一点儿!
  Qǐng duō yòng (chī) yìdiǎnr!

- 며칠 **더** 계십시오!
  请**多**住几天!
  Qǐng duō zhù jǐ tiān!

바로잡기

- 如果**没有**道歉的话, 我不再见你。(×)
  Rúguǒ méiyǒu dàoqiàn de huà, wǒ bú zài jiàn nǐ.
- 如果**不**道歉的话, 我不再见你了。(○)
  Rúguǒ bú dàoqiàn de huà, wǒ bú zài jiàn nǐ le.

'사과를 하지 않는다면'은 '没有'가 아니라 '不'로 부정하여야 한다. 그리고 문장 맨 끝에 어기조사 '了'를 붙이는 것이 자연스럽다.

가정

100 ~하려면 …하는 것이 좋다
要~, …才行

가전제품을 싸게 사<u>려면</u> 전자상가에 가<u>는 것이 좋습니다</u>.

단어 가전제품 : 家电 jiādiàn　　싸다 : 便宜 piányi
전자상가 : 电子商场 diànzi shāngchǎng

작문 **要**买价钱便宜点儿的家电，到电子商场去**才行**。
Yào mǎi jiàqián piányi diǎnr de jiādiàn, dào diànzi shāngchǎng qù cáixíng.

1 '…을 싸게 사다'를 그대로 중국어로 옮길 경우 '便宜'가 '很便宜地买了'처럼 부사어가 될 염려가 있으므로 가급적 풀어서 두 문장을 만들어 이어준다면 효과적으로 의미를 전달할 수 있다.

- 전자상가에서 텔레비전을 **싸게 샀습니다**.

  我去电子商场买了一台电视机，**价钱很便宜**。
  Wǒ qù diànzi shāngchǎng mǎi le yì tái diànshìjī, jiàqián hěn piányi.

2 '…才行'은 아래와 같이 어떻게 해야만 비로소 된다는 뜻인데, 본문에 제시된 '…해야만 한다'에도 어울린다.

- 문제점을 분명히 밝혀**야만 합니다**.

  把问题说清楚**才行**。
  Bǎ wèntí shuō qīngchǔ cái xíng.

바로잡기

- 我买了一个名牌打火机，**回家以后我知道**这是冒牌的。(×)
  Wǒ mǎi le yí ge míngpái dǎhuǒjī, huíjiā yǐhòu wǒ zhīdao zhè shì mào pái de.
- 我买了一个名牌打火机，**后来才知道**这是冒牌货。(○)
  Wǒ mǎi le yí ge míngpái dǎhuǒjī, hòulái cái zhīdao zhè shì mào pái huò.

'回家以后'는 '后来'로 바꾸는 것이 자연스럽고, 이렇게 주어 '我'가 반복되는 경우, 뒤에 나오는 것을 생략하는 것이 좋다. 그리고 동사 '知道' 앞에 '才(비로소)'를 수식어로 붙이면 시간적인 개념을 부각하는 동시에 생동감을 줄 수 있다.

1 쇼핑을 하신다면 제가 값싸고 좋은 물건을 파는 가게를 소개하겠습니다.

→

2 당신께서 정 필요하시다면 제가 양보하겠습니다.

→

3 자금이 충분하였다면 더 많은 물품을 구입했을 것입니다.

→

4 당신이 나를 추천해주신다면 틀림없이 그 회사에 들어갈 수 있을 겁니다.

→

5 조금이라도 이상한 점이 발견되면 즉시 알려주세요.

→

6 귀사에서 소개하는 업자라면 언제라도 만날 용의가 있습니다.

→

7 정중히 사과를 한다면 이 일을 더 이상 문제 삼지 않을 것입니다.

→

8 우리 사이의 오랜 협력관계를 고려하신다면 이와 같은 일이 생기지 말았어야
합니다.

→

9 계속 무리한 요구를 하신다면 이 거래를 포기할 수밖에 없습니다.

→

10 전자상가에 가시기 전에는 이처럼 싼 값의 라디오를 구입할 수 없을 것입니다.

→

J
가정

~로 …을 주다
送…, 作为~

나는 그에게 생일선물로 책을 주었습니다.

단어 생일선물 : 生日礼物 shēngrì lǐwù　　주다 : 送 sòng

작문 我**送**了他一本书，**作为**生日礼物。
Wǒ sòng le tā yì běn shū, zuòwéi shēngrì lǐwù.

1 일반적으로 '주다'는 '给'이지만 여기에서는 '선물을 하다'는 의미로 '送'이라고 해야 한다.

● 이 케이크는 친구가 **보내준** 것이다.
这个蛋糕是朋友**送来**的。
Zhè ge dàngāo shì péngyou sòng lái de.

2 '…로'는 '…으로 삼아'의 뜻으로 '作为 / 当作…'라고 한다.

● 이 돈은 아버지가 주신 용돈**으로 생각하고** 받아라.
你收下这笔钱，就把它**当作**是父亲给你的零用钱。
Nǐ shōuxià zhè bǐ qián, jiù bǎ tā dàngzuò shì fùqīn gěi nǐ de língyòngqián.

K
목적

바로잡기

- 小美送了我封信。(×)
  Xiǎo měi sòng le wǒ fēng xìn.
- 小美寄了一封信给我。(○)
  Xiǎo měi jì le yì fēng xìn gěi wǒ.
- 小美给我写了一封信。(○)
  Xiǎo měi gěi wǒ xiě le yì fēng xìn.

특히 우편을 통해 전달되는 편지는 동사 '寄'를 쓴다. 그리고 편지 했다는 '썼다'는 의미로 '写了一封信'이라고 표현하는 것이 좋다.

…을 하러 ~에 가다

去~ … ①

단어 듣다 : 欣赏 xīnshǎng   자주 : 常 cháng   연주회 : 音乐会 yīnyuè huì

작문 我常**去**音乐会欣赏音乐。
Wǒ cháng qù yīnyuèhuì xīnshǎng yīnyuè.

1 '…하러 ~을 한다'고 할 경우 흔히 '为了'를 떠올리게 된다. 그러나 위의 문장처럼 연동문의 형식을 이용하여 표현하는 것이 좋다.

- 나는 낚시**를 하러 자주** 바닷가로 나갑니다.

  我**常去**海边钓鱼。
  Wǒ cháng qù hǎibian diàoyú.

2 '…에 간다'는 단순히 '去… / 到…去'로 대응할 수도 있겠지만, 목적어에 어울리는 동사를 생각해보면 다양한 표현을 할 수 있다.

- 나는 오늘 모임에 **갈** 수 없습니다.

  我不能**参加**今天的聚会。
  Wǒ bùnéng cānjiā jīntiān de jùhuì.

- 나는 오늘 **회사에** 안 **갑니다**.

  今天我不**上班**。
  Jīntiān wǒ bù shàngbān.

바로잡기

- 我**儿童时候**不喜欢**去学校念书**。(×)
  Wǒ értóng shíhou bù xǐhuan qù xuéxiào niànshū.

- 我**小时候**不喜欢**上学**。(○)
  Wǒ xiǎo shíhou bù xǐhuan shàngxué.

이 비문의 목적어는 연동구조로 되어 있으며 '공부하러 학교에 가기가 싫다'는 의도가 반영된 것이다. 이 경우 '학교에 가기'가 싫다고 한다면 바로잡기에 제시된 정답처럼 간결하게 말할 수도 있을 것이다. 그리고 '어릴 때'는 '小时候'라고 해야 한다.

103 ...차 ~에 가다
去~ ... ②

내일 업무 상담**차** 고객을 만나**러** 갑니다.

단어 업무 : 业务 yèwù   상담 : 洽谈 qiàtán   고객 : 客户 kèhù

작문 明天要**去**见客户洽谈业务。
Míngtiān yào qù jiàn kèhù qiàtán yèwù.

1 '…하러 가다'의 경우 '去' 다음에 만나다(见)와 그 대상 즉 목적어(客户)가 하나의 동목구조를 이루게 된다. 다음 예문을 잘 살펴보자.

- 어머니는 **장보러** 가셨습니다.

  母亲去**买菜**了。
  Mǔqīn qù mǎi cài le.

2 이 문장에서처럼 내일의 계획을 표현할 때 '要' 또는 '打算' 등을 반드시 써서 '…해야 하다'나 '…할 생각이다'에 대응하도록 해야 한다.

- 회사에 들어가 보아**야 합니다.**

  我**要**回公司去。
  Wǒ yào huí gōngsī qù.

- 이 일은 그만둘 **생각입니다.**

  我**打算**不做这件事了。
  Wǒ dǎsuan bú zuò zhè jiàn shì le.

K
목적

바로잡기

- 我明天**看老师家**。(×)
  Wǒ míngtiān kàn lǎoshī jiā.
- 我明天**去拜访老师**。(○)
  Wǒ míngtiān qù bàifǎng lǎoshī.

이 비문은 '선생님 댁에 가보다'라는 의도로 작문한 것인데, '看老师家'라고 하면 '선생님의 집을 구경하다' 또는 '선생님의 집을 지킨다'는 전혀 다른 의미가 되므로 '拜访老师'라고 해야 한다.

104 ~도 하고 …도 할 겸

去~ … ③

방학 중에는 **공부도 하고 친구도 만날 겸** 학교에 갑니다.

단어 방학 : 放假 fàngjià 공부하다 : 看书 kànshū, 学习 xuéxí

작문 放假期间去学校看看书, 见见朋友。
Fàngjià qījiān qù xuéxiào kànkan shū, jiànjian péngyou.

1 '~도 하고 …도 한다'의 '도'를 가벼운 느낌으로 열거하는 것으로 나타내기 위하여 '又'과 같은 부사를 사용하는 것보다 동사의 중첩형식을 사용하는 것이 바람직하다.

● 오늘은 영화**구경도** 하고 **책도** 좀 **사**야겠습니다.
今天要**看看电影**, **再买几本书**。
Jīntiān yào kànkan diànyǐng, zài mǎi jǐ běn shū.

2 '放学'과 '放假'은 혼동하기 쉬운 말이다.

● **방학**하면 중국에 어학연수를 가기로 했습니다.
我决定**放假**以后去中国进修汉语。
Wǒ juédìng fàngjià yǐhòu qù Zhōngguó jìnxiū Hànyǔ.

● 아이들이 **방과**후에 운동장에서 축구를 합니다.
孩子们**放学**后在操场上踢足球。
Háizimen fàngxué hòu zài cāochǎng shang tī zúqiú.

바로잡기

• 星期六又学习又休息。(×)
Xīngqīliù yòu xuéxí yòu xiūxi.

• 星期六我学习汉语, 累了就休息一会儿。(○)
Xīngqīliù wǒ xuéxí Hànyǔ, lèi le jiù xiūxiyíhuìr.

학습과 휴식은 개념상의 차이로 인하여 앞뒤 모두 유사한 동작이나 상황에 관련된 표현을 요구하는 '又…又…'에는 어울리지 않는다. 그러므로 위와 같이 '공부를 하다가 지치면 쉬기도 한다'로 바꿔 쓰는 것이 좋다.

~하여 …을 알아보다
~问问…

> **114에 전화를 하여 서울역의 전화번호를 알아봅시다.**

단어 114：查号台 cháhàotái　전화번호：电话号码 diànhuà hàomǎ
알아보다：问问 wènwen, 打听 dǎting

작문 打电话问问查号台汉城火车站的电话(号码)是多少。
Dǎ diànhuà wènwen cháhàotái Hànchéng huǒchēzhàn de diànhuà (hàomǎ) shì duōshao.

1 '…에 전화를 하여'를 '打电话给…'로 처리하면 문장이 다음과 같이 나누어질 수도 있다.

打电话给查号台，问问他们汉城火车站的电话是多少。
Dǎ diànhuà gěi cháhàotái, wènwen tāmen Hànchéng huǒchēzhàn de diànhuà shì duōshao.

2 전화번호가 '몇 번'이라고 할 경우 '几号'라고 하기 쉬운데 중국어에서는 '多少'라고 표현한다.

● 그의 전화번호가 **몇 번**인지 잊었습니다.
我忘了他的电话是多少。
Wǒ wàng le tā de diànhuà shì duōshao.

K
목적

바로잡기

● 我**用**地图找景福宫。(×)
Wǒ yòng dìtú zhǎo Jǐngfúgōng.
● 我**看**地图找景福宫。(○)
Wǒ kàn dìtú zhǎo Jǐngfúgōng.

지도라는 도구로써(用) 어디를 찾는다는 뜻으로 위와 같이 표현한 것인데 이 경우 염두에 두어야 할 것은 이 목적어에 '用' 대신 어떤 동사를 선택할 것인가 하는 문제이다. 지도라는 목적어에는 '看'이 어울린다.

~하려고 …에 가다
到…去~

> 오래간만에 만난 친구와 차라도 한 잔 **하려고** 커피숍에 **갔습니다**.

단어 차 : 茶 chá   커피숍 : 咖啡店 kāfēidiàn

작문 我**到**咖啡店**去**和一位久违的朋友喝**了**一杯茶。
Wǒ dào kāfēidiàn qù hé yí wèi jiǔwéi de péngyou hē le yì bēi chá.

1 '오래간만이다'는 '好久不见' 또는 '久别重逢', '久违' 등으로 표현할 수 있다.

- 오랜만에 만났으니 술이라도 한 잔 하지!
  我们**久别重逢**, 喝杯酒吧！
  Wǒmen jiǔbiéchóngféng, hē bēi jiǔ ba!

- 오래간만에 뵙겠습니다.
  久违了！
  Jiǔwéi le!

2 이 문장은 '为了…, …'의 형식으로 표현할 수도 있는데 목적을 강하게 표현하는 효과가 있다.

- 오랜만에 만난 친구와 차 한 잔 마시**기 위하여** 커피숍에 **갔습니다**.
  为了和久违的朋友喝杯茶, **到**咖啡厅**去了**。
  Wèi le hé jiǔwéi de péngyou hē bēi chá, dào kāfēitīng qù le.

바로잡기

- 我**在**中国大使馆签证。(×)
  Wǒ zài Zhōngguó dàshǐguǎn qiānzhèng.
- 我**去**中国大使馆签证。(○)
  Wǒ qù Zhōngguó dàshǐguǎn qiānzhèng.

'在哪儿办理签证? 비자는 어디에서 받습니까?'라는 질문에 대한 대답으로 '在中国大使馆签证。중국대사관에서 받습니다.'라고 할 수 있겠지만, 원문의 의도가 '비자를 받으러 중국대사관에 간다'인 만큼 '在'를 '去'로 바꿔야 한다.

…하도록 ～해야 한다
要～…

> 옷의 기름때가 빠지**도록** 드라이크리닝을 맡겨**야 합니다**.

단어 기름때 : 油垢 yóugòu   빼다 : 除掉 chúdiào   드라이크리닝 : 干洗 gānxǐ
맡기다 : 送去 sòng qù

작문 这件衣服**要**送去干洗除掉上面的油垢。
Zhè jiàn yīfu yào sòng qù gānxǐ chúdiào shàngmiàn de yóugòu.

1 '…하도록 ～하다'를 서면어에서는 흔히 '以 / 以便'을 써서 앞뒤를 연결한다.

- 자세한 설명**으로** 오해를 불식시켜야 합니다.

  必须详细地说明, **以**消除误会。
  Bìxū xiángxì de shuōmíng, yǐ xiāochú wùhuì.

2 '맡기다'는 '寄托'이라는 의미로, 흔히 어떤 업소에 무엇을 하도록 주문할 경우 '送去' 또는 '拿去' 뒤에 동사를 붙여 다음과 같이 표현한다.

- 이 필름을 사진관에 **맡기시오.**

  这胶卷**拿去**冲洗吧。
  Zhè jiāo juǎn ná qù chōng xǐ ba.

K
목적

바로잡기

- 姐姐把衣服洗得**白**。(×)
  Jiějie bǎ yīfu xǐ de bái.
- 姐姐把衣服洗得**白白的**。(○)
  Jiějie bǎ yīfu xǐ de báibai de.
- 姐姐把衣服洗得**干干净净的**。(○)
  Jiějie bǎ yīfu xǐ de gāngānjìngjìng de.

'衣服洗得白'은 '더러워진 옷을 깨끗이 세탁할 수 있다'는 가능의 의미인데, 이것이 비문인 이유는 '누이가 옷을 어떻게 했다'는 처치의 의미인 把자가 쓰여졌으므로 그 뒤 또한 처지의 결과 '白白的'나 '干干净净的'가 보어로 와야 하기 때문이다.

108 ~하면 늘 …을 한다
一~就…

단어 문제 : 问题 wèntí, 困难 kùnnan　　도움을 주다 : 帮忙 bāngmáng
청하다 : 请人 … qǐngrén

작문 一遇到什么困难就请他帮忙。
Yī yùdao shénme kūnnan jiù qǐng tā bāngmáng.

1 '늘 …하다'는 '常'으로 대응해도 무방하지만 어떤 상황일 때 항상 어떻게 한다는 뜻일 경우 '一~就…'를 쓰는 것이 좋다.

- 그는 술만 **마시면** 인사불성이 **됩니다.**

  他一喝酒，**就**不省人事了。
  Tā yì hē jiǔ, jiù bùshěngrénshì le.

2 '문제'를 그대로 '问题'라고 해도 좋겠지만, 그 의미를 파악하여 달리 표현해 보는 것도 좋을 것이다.

- 회사에 **문제**가 생겼습니다.

  公司出事了。
  Gōngsī chūshì le.

- 이것이 가장 **까다로운 문제**입니다.

  这是最**棘**手的一点。
  Zhè shì zuì jíshǒu de yìdiǎn.

바로잡기

- 发生了什么事就问他。(×)
  Fāshēng le shénme shì jiù wèn tā.

- 一有什么事就去问他。(○)
  Yì yǒu shénme shì jiù qù wèn tā.

'(일이) 생기다'를 '发生'으로 표현하면 다소 어색하므로 '有'로 대응하는 것이 좋다. 그리고 없었던 것이 생겼을 경우 다음과 같이 표현할 수 있다.

- 나에게 여자친구가 생겼다.　我有女朋友了。
  Wǒ yǒu nǚpéngyou le.

- 무슨 일이 생기면 찾아가겠다.　有事会去找你。
  Yǒu shì huì qù zhǎo nǐ.

K
목적

109

~을 위하여 …해야 한다

要为~, …

우리는 미래를 위하여 준비를 잘 해두어야 합니다.

단어 미래 : 将来 jiānglái, 未来 wèilái　준비하다 : 做准备 zuò zhǔnbèi
…해야 한다 : 要… yào…

작문 要为我们的将来，做好准备。
Yào wèi wǒmen de jiānglái, zuòhǎo zhǔnbèi.

1 이 문장에서는 '…해야 한다'에 해당하는 조동사 '要…'를 누락하지 않도록 해야 한다.

- 나는 도서관에 가서 그 책을 빌**려야 합니다**.

我**要**去图书馆把那本书借来。
Wǒ yào qù túshūguǎn bǎ nà běn shū jiè lái.

2 이 문장을 '~할 수 있도록 …해야 한다'로 표현을 한다면 다음처럼 된다. 그리고 '做' 뒤에 '해두다'는 의미의 결과보어 '好'를 붙이는 것이 좋다.

- 우리는 미래를 맞이할 수 있도록 준비해 두어야 합니다.

我们要做好准备，迎接未来。
Wǒmen yào zuòhǎo zhǔnbèi, yíngjiē wèilái.

K
목적

바로잡기

- 要是有机会我**打算**去美国留学。（×）
Yàoshi yǒu jīhuì wǒ dǎsuan qù Měiguó liúxué.
- 要是有机会我**想**去美国留学。（○）
Yàoshi yǒu jīhuì wǒ xiǎng qù Měiguó liúxué.

'打算(…할 계획)'이나 '想(…할 생각 / …하고 싶다)'은 비슷한 의미를 갖고 있으나, '要是有机会(만약 기회가 주어진다면)'이 전제되었을 경우 소망의 표현으로 '想…'을 쓰는 것이 적절하다.

110 ···하느라 / 为了···

단어 시험을 치르다 : 考试 kǎoshì   며칠 동안 : 好几天 hǎo jǐ tiān
제대로 하다 : ···好 ···hǎo

작문 为了考试, 好几天觉都没有睡好。
Wèi le kǎoshì, hǎo jǐ tiān jiào dōu méiyǒu shuì hǎo.

1 '睡觉'과 같이 동목구조로 이루어진 동사는 목적어를 취할 수 없는 대신 위에서 보는 바와 같이 어순을 조정한다든지 그 사이에 보어를 삽입할 수 있다.

- 어제는 **잠을 제대로 자지 못하**여 정신을 집중할 수 없었습니다.
  昨天因为**没睡好觉**, 所以提不起精神来。
  Zuótiān yīnwèi méi shuì hǎo jiào, suǒyǐ tíbuqǐ jīngshén lái.

2 '제대로'라는 표현은 중국어의 '好'와 대응된다.

- 오늘은 숙제를 **제대로** 했구나.
  今天作业写得很**好**。
  Jīntiān zuòyè xiě de hěn hǎo.

- 글씨를 **제대로** 써라!
  你把字写**好**!
  Nǐ bǎ zì xiě hǎo!

K
목적

- 为司机考试合格, 我念得努力。(×)
  Wèi sījī kǎoshì hégé, wǒ niàn de nǔlì.
- 为了拿到驾照我努力学习了。(○)
  Wèi le ná dào jiàzhào wǒ nǔlì xuéxí le.

면허시험에 합격한다는 것은 곧 '면허증을 딴다'는 뜻으로 '拿到(取得)驾照'라고 한다. 그리고 '努力'는 부사로 동사 앞에 두어 '努力学习'라고 하면 된다.

1 개업을 축하하는 의미로 화분 하나를 보냈습니다.

  → ....

2 이 자료는 필요하실 때 참고하시도록 보냅니다.

  → ....

3 나는 건강을 유지하기 위하여 헬스클럽에 나갑니다.

  → ....

4 우리는 늘 바둑을 두면서 시간을 보냅니다.

  → ....

5 항상 내일을 준비하는 자세로 오늘을 삽니다.

  → ....

K
목적

6 상대방의 의사를 타진하기 위하여 전화를 했습니다.

  → ....

7 이 조치는 상대방을 배려하는 차원에서 취해진 것입니다.

  → ....

8 그 분은 늘 문제가 원만히 해결되도록 우리에게 도움을 주십니다.

  → ....

9 점심시간에는 밥도 먹고 잠시 잠을 청하기도 하지요.

  → ....

10 나는 밀린 일들을 처리하느라 밤을 꼬박 새웠습니다.

  → ....

모두 …이다
一共…

하나에 10원짜리 볼펜 5자루면 모두 50원입니다.

단어 …짜리 : …钱的 …qián de　　볼펜 : 圆珠笔 yuánzhūbǐ　　자루 : 支 zhī

작문 买5支10块钱的圆珠笔，**一共**50块钱。
Mǎi wǔ zhī shí kuài qián de yuánzhūbǐ, yígòng wǔ shí kuài qián.

1 '…짜리'는 '值…(块)钱' 또는 '…块钱的' 등으로 대응된다.

- 이 가방은 **5만 원짜리**입니다.

  这个皮包是**五万块钱的**。
  Zhè ge píbāo shì wǔ wàn kuài qián de.

- 저 도자기 꽃병은 **천만 원을 호가**합니다.

  那个陶瓷花瓶**值一千万元**。
  Nà ge táocí huāpíng zhí yì qiān wàn yuán.

2 '합계' 또는 '도합 …'은 '共, 总共' 등으로 표현한다.

- 라면 5봉지, 맥주 2병, 오징어채 1봉지, **모두 합하면** 6천 원입니다.

  方便面五包、啤酒两瓶、鱿鱼丝一包，**总共**六千块钱。
  Fàngbiànmiàn wǔ bāo, píjiǔ liǎng píng, yóuyú sī yì bāo, zǒnggòng liù qiān kuài qián.

바로잡기

- 这件衣服**总共只**十万元。(×)
  Zhè jiàn yīfu zǒnggòng zhǐ shí wàn yuán.
- 这件衣服**才**十万块钱。(○)
  Zhè jiàn yīfu cái shí wàn kuài qián.

위에서 본 바와 같이 '总共'이라는 표현은 여러 가지 물품 가격을 합산할 때 쓰는 것으로 여기는 옷 한 가지만을 사는 경우이므로 사용할 수 없고, '只'라는 부사가 수량의 한정을 의미가 하는 점으로 미뤄볼 때 옷값이 저렴하다는 의도로 작문한 것으로 보인다. 그러나 '只' 대신 '겨우'라는 뜻의 '才'를 써야 한다.

…포기
…棵

단어 시장 : 市场 shìchǎng   배추 : 白菜 báicài   포기 : 棵 kē

작문 我要去市场买20**棵**白菜。
Wǒ yào qù shìchǎng mǎi èr shí kē báicài.

1 '…해야 합니다'는 의지나 필요를 나타내는 것으로 '要'나 '必须'로 표현할 수 있다.

- 나는 그를 꼭 만나**야만 합니다**.
  我一定**要**见到他。
  Wǒ yídìng yào jiàndào tā.

- 당신은 반드시 자기의 의견을 제시**해야 합니다**.
  你**必须**提出自己的意见。
  Nǐ bìxū tíchū zìjǐ de yìjiàn.

2 어떤 명사가 쓰였을 경우, 어떤 수량사가 쓰일지를 생각해보는 것이 바람직하다.

- **이** 넥타이는 선물 받은 것입니다.
  这条领带是人家送的。
  Zhè tiáo lǐngdài shì rénjia sòng de.

- 자동차 **한 대**를 구입했습니다.
  买了**一辆**汽车。
  Mǎi le yí liàng qì chē.

바로잡기

- 我在书店买了**十本多**书。(×)
  Wǒ zài shūdiàn mǎi le shí běn duō shū.

- 我在书店买了**十多本**书。(○)
  Wǒ zài shūdiàn mǎi le shí duō běn shū.

수량사를 사용할 경우 어림수의 표현법도 염두에 두어야 한다. 이 경우 '多'를 사용하여 10권 이상의 책을 샀다는 점을 이야기하고 있는데, 양사 '本'과 '多'가 도치되어 어순이 틀렸다.

113

~달러를 …로 바꾸다

把~美元换成…

> ## 이 1,000달러를 인민폐로 바꿔 주세요.

단어 달러 : 美元 měiyuǎn   인민폐 : 人民币 rénmínbì   바꾸다 : 换 huàn

작문 请把这一千美元换成人民币。
Qǐng bǎ zhè yì qiān měiyuǎn huànchéng rénmínbì.

1 '…주세요'는 상대방에게 어떤 요구사항이 있는 경우로 '请…'이라고 하는 것이 공손한 표현법이다.

- 실례합니다. 길을 좀 비켜**주세요.**
  劳驾, 请让一让!
  Láojià, qǐng ràng yī ràng!

- 어디에 문제가 있는지 말씀해**주세요.**
  请告诉我有什么问题, 好吗?
  Qǐng gàosu wǒ yǒu shénme wèntí, hǎo ma?

2 동사 '换' 뒤에 '…로'에 해당하는 것은 보어 '成'이다. 작문을 할 때 이런 요소가 빠지지 않도록 주의를 기울여야 한다.

- 모두들 나를 중국인**으로 대합니다.**
  大家都把我看成中国人。
  Dàjiā dōu bǎ wǒ kànchéng Zhōngguórén.

바로잡기

- 我去年**收**三千万元。(×)
  Wǒ qùnián shōu sān qiān wàn yuán.
- 我去年**赚了**三千万元。(○)
  Wǒ qùnián zhuàn le sān qiān wàn yuán.

원래의 의도가 연간 수입이 그만큼 된다는 것이라면 '收' 대신 '벌다'는 뜻의 동사 '赚'을 사용해야 한다.

114

~한 지 거의 …되다
～快…了

> 나는 회사에 입사**한 지 거의** 10년**이 됐지요.**

단어 입사하다 : 进公司 jìn gōngsī

작문 我进公司**快**十年**了**。
Wǒ jìn gōngsī kuài shí nián le.

1 '입…' 즉 '…에 들어가다'는 '进…'이나 '加入' 등으로 표현된다.

- 나는 사진반에 **들고** 싶지 않아요.
  我不想**进**(加入)摄影小组。
  Wǒ bùxiǎng jìn(jiārú) shèyǐng xiǎozǔ.

2 '거의 …이 되다'는 '将近'이나 '已有'로 다음과 같이 표현할 수 있다.

- 왕선생님께서 타계하신 지도 **거의** 10년이 **되어갑니다.**
  王老师去世**将近**十年**了**。
  Wǎng lǎoshī qùshì jiāngjìn shí nián le.

- 내가 이곳에 온 지도 어언 10년**이 되었지요.**
  我来这里不觉**已有**十年**了**。
  Wǒ lái zhèli bù jué yǐ yǒu shí nián le.

바로잡기

- 我来中国**三月**左右了。(×)
  Wǒ lái Zhōngguó sān yuè zuǒyòu le.
- 我来中国有**三个月**了。(○)
  Wǒ lái Zhōngguó yǒu sān ge yuè le.

'三月'은 명사로서 일년 중 세 번째 달을 가리키는 것이고 기간의 의미로 3개월이라고 한다면 '三个月'이라고 해야 한다.

115

…을 쓰다
写一份…

오늘 제출할 보고서를 작성하고 있습니다.

단어 제출하다 : 交 jiāo　　보고서 : 报告 bàogào　　작성하다 : 写 xiě

작문 我正在写一份今天要交的报告。
Wǒ zhèngzài xiě yí fèn jīntiān yào jiāo de bàogào.

1 '…을 하고 있다'는 기본형 '…을 하다'의 어미변화로 진행형을 만든 것이다. 그러나 중국어에서는 이와 같은 변화가 없으므로 時態助詞 '了, 着, 过'를 사용하거나 시간 관련 부사 '曾经, 正在, 将' 등을 사용하여 표현한다.

● 우리는 중국의 여러 도시를 여행**한 적이 있습니다.**
我们**曾经**去过中国的许多城市。
Wǒmen céngjīng qùguo Zhōngguó de xǔduō chéngshì.

● 우리는 주재원을 중국에 파견**할 예정입니다.**
我们**将**派遣驻员到中国去。
Wǒmen jiāng pàiqiǎn zhùyuán dào Zhōngguó qù.

2 여기에서 주목해야 할 것은 중국어에서 보다 많은 수량사(一份)가 활용된다는 점이고, 목적어가 긴 수식어를 가진 명사일 경우 묘사적인 내용은 문장의 앞이나 뒤에 한 문장을 따로 만들어 분리시키는 것이 좋다는 점이다.

我正在写一份今天要交的报告。
Wǒ zhèngzài xiě yí fèn jīntiān yào jiāo de bàogào.

→ 我正在写一份报告，是今天要交的。
Wǒ zhèngzài xiě yí fèn bàogào, shì jīntiān yào jiāo de.

바로잡기

• 我**把一张表填写了**。(×)
Wǒ bǎ yì zhāng biǎo tiánxiě le.

• 我**填了一张表格**。(○)
Wǒ tián le yì zhāng biǎogé.

이 문장은 단순히 동작행위만을 표현하고 있을 뿐 그에 따른 어떤 결과가 보이지 않고 또 어떤 것인지를 가리키는 指量詞가 쓰이지 않은 것으로 볼 때 '把字句'를 쓸 필요가 없는 문장이다. 위의 요건을 갖춘다면 '我把那张表交给服务台了'와 같이 표현할 수 있다.

…를 따다

赢了…

> **나는 어제 카지노에서 백만 원을 땄습니다.**

 카지노 : 赌场 dǔchǎng

작문 **我昨天去赌场赌钱，赢了一百万元。**
Wǒ zuótiān qù dǔchǎng dǔ qián, yíng le yì bǎi wàn yuán.

1 '…에서'는 '在'로 대응할 수 있다. 그러나 이 문장의 경우 '…에 가서'로 대응하여 '去…'로 하고 적당히 내용을 보충하여 두 문장으로 나누어 표현하는 것이 좋다. 이렇게 표현하면 한 문장이 지나치게 길어지는 것을 방지할 수 있다.

● 나는 **도서관에서** 아주 귀한 자료를 **찾았습니다.**
   我在图书馆找到一份十分珍贵的资料。
   Wǒ zài túshūguǎn zhǎodao yí fèn shífēn zhēnguì de zīliào.

   → 我去图书馆看书，找到了一份珍贵的资料。
   Wǒ qù túshūguǎn kànshū, zhǎodao yí fèn zhēnguì de zīliào.

• 我败了一万元。(×)
  Wǒ bài le yí wàn yuán.

• 我输了一万块钱。(○)
  Wǒ shū le yí wàn kuài qián.

'败'는 남과의 대적에서 지는 것을 말하고 이처럼 돈을 잃을 경우 '输'를 쓴다.

117

~밖에 …하지 못했다
只…了~

단어 밥 : 饭 fàn　　끼, 끼니 : 顿 dùn

작문 今天我**只**吃**了**一顿饭。
Jīntiān wǒ zhǐ chī le yí dùn fàn.

1 이 문장에 약간의 강조를 더하여 표현한다면 '只' 대신 제한적인 범위를 의미하는 부사 '就'를 쓰면 된다.

● 나는 술을 한 잔**밖에** 마시지 않았어요.

我**就**喝了一杯酒。
Wǒ jiù hē le yì bēi jiǔ.

2 '…하지 못해'서 아쉽다면 다음과 같이 표현한다.

● 중국에 가서 좋은 음식을 먹지 **못했습니다.**

去中国**没有**吃到什么好菜。
Qù Zhōngguó méiyǒu chīdào shénme hǎo cài.

바로잡기

- 每天我们三次吃饭。(×)
  Měitiān wǒmen sān cì chīfàn.
- 我们每天吃三顿饭。(○)
  Wǒmen měitiān chī sān dùn fàn.

'每天'은 여기서 규칙적인 생활을 표현하는 부사로 동사인 '吃'를 직접 수식해야 한다. '吃饭'과 같은 동목구조는 수량사를 사이에 삽입하여 말하고, 밥에 관련된 수량사는 '顿'을 사용한다.

118

늦게 …할 것이다
会晚…

그는 하루 이틀 정도 **늦게 도착할 것이**라고 **했습니다.**

단어 늦다 : 晚 wǎn　　도착 : 到 dào, 到达 dàodá

작문 他说过**会晚**一两天到。
Tā shuōguo huì wǎn yì liǎng tiān dào.

1 '…라고 하다'는 들어서 아는 내용을 전달하는 것인 만큼 그 소식원을 문장 맨 앞에 밝히면서 말하는 것이 좋다.

- 회의가 연기되었다고 **하던데요**
  有人说会议延期了。
  Yǒurén shuō huìyì yánqī le.

- 몸이 아파 병가를 내겠다고 **합니다.**
  他说身体不舒服要请一天病假。
  Tā shuō shēntǐ bù shūfu yàoqǐng yì tiān bìngjià.

2 '하루, 이틀 정도'는 수량사의 개수 표현법으로 '一两天'이라고 하면 된다.

- **하루나 이틀 정도** 지나면 일이 해결될 것입니다.
  一两天以后事情会解决的。
  Yì liǎng tiān yǐhòu shìqing huì jiějué de.

바로잡기

- 我**能慢来**几天。(×)
  Wǒ néng màn lái jǐtiān.
- 我**可能晚来**几天。(○)
  Wǒ kěnéng wǎn lái jǐtiān.

'能'은 '어떻게 할 수 있다'는 뜻으로 원래의 의도인 '할 수도 있다(可能)'와 차이가 있으며 '慢' 역시 '느리다'는 뜻으로 '晚(늦다)'과 구별해야 한다.

~가 얼마나 …한지 모르겠다
不知道…有多~

그 분의 연세가 어떻게 되는지 잘 모르겠습니다.

단어 분 : 位 wèi　　연세 : 年纪 niánjì

작문 我**不知道**那位年纪**有多**大。
Wǒ bùzhīdào nà wèi niánjì yǒu duō dà.

1 '…가 되다'는 '有…'로 대응된다. 수량이 어느 정도에 이르렀다는 동사 '有'를 사용하여 이렇게 표현한다.

- 저 아이는 한 열 살 쯤 **되었습니다**.
  那个孩子**有十**岁了。
  Nà ge háizi yǒu shí suì le.

2 数值(수치)에 대한 의문으로 '不知道…有多…'가 사용된다.

- 이 건물은 높이가 **어느 정도인지 모르겠군요**.
  不知道这座楼**有多**高。
  Bùzhīdào zhè zuò lóu yǒu duō gāo.

바로잡기

- 他**是十七岁数**。(×)
  Tā shì shíqī suìshù.
- 他**今年十七岁**。(○)
  Tā jīnnián shíqī suì.

'岁数'는 '나이', '岁'는 '세(살)'이다. '十七岁'는 그대로 술어가 되며 흔히 '今年'이 수식어로 앞에 쓰인다.

늘…
每天…

저는 늘 새벽 6시에 일어나 운동을 합니다.

단어 새벽 : 清晨 qīngchén　　일어나다 : 起床 qǐchuáng
운동하다 : 锻炼身体 duànliàn shēntǐ

작문 我**每天**清晨六点钟起床锻炼身体。
Wǒ měitiān qīngchén liù diǎn zhōng qǐchuáng duànliàn shēntǐ.

1 '늘'은 '常常'이나 '经常'으로 대응하겠으나 내용으로 보아 '每天'으로 표현
하는 것이 좋다.

- 그는 **늘** 점심을 거릅니다.
  他**每天**不吃午饭。
  Tā měitiān bù chī wǔfàn.

2 '운동하다'는 '运动'보다는 흔히 '锻炼身体'라고 한다. 그리고 이는 '건강을
지키다'와도 의미상 대응한다.

- 몸은 건강할 때 **지켜**야 한다고 하지요.
  人们都说我们要在健康的时候多**锻炼锻炼**。
  Rénmen dōu shuō wǒmen yào zài jiànkāng de shíhou duō duànliàn duànliàn.

ㄴ
수

바로잡기

- 昨天晚上**九点钟的时候**，我已经**睡下了**。(×)
  Zuótiān wǎnshang jiǔ diǎn zhōng de shíhou, wǒ yǐjīng shuìxià le.
- 昨天晚上**九点钟**，我已经**睡着了**。(○)
  Zuótiān wǎnshang jiǔ diǎn zhōng, wǒ yǐjīng shuìzháo le.

'어젯밤 …시에'는 '昨天晚上九点钟'이라고 하면 충분하므로 '的时候'를 붙이지 않는 것
이 좋다. '잠이 들었다'는 동사 '睡' 뒤에 결과를 나타내는 보어 '着'를 붙여 표현한다.

1 나는 10만원짜리 옷을 5만원에 샀습니다.

➡ ____

2 중국인들 앞에서 시 한 수를 읊은 것이 이렇게 큰 도움이 될 줄이야.

➡ ____

3 내가 이 일에 뛰어든 지도 어언 30년이라는 세월이 흘렀습니다.

➡ ____

4 중국의 도시들은 각기 특색을 지니고 있습니다.

➡ ____

5 나는 내가 가지고 있던 돈의 반을 도박으로 날렸습니다.

➡ ____

6 이것은 우리에게 더없이 중요한 정보입니다.

➡ ____

7 하루에 한 끼를 먹으면서 어떻게 삽니까?

➡ ____

8 나는 음료수를 한잔도 마시지 않습니다.

➡ ____

9 하루 이틀 늦는 것은 무방하나 하자가 있으면 곤란합니다.

➡ ____

10 이 낚시대는 길이가 1미터밖에 되지 않습니다.

➡ ____

친한 …
要好的…

> **친한** 사람과 일을 하게 되어 정말 기쁩니다.

단어 …하게 되다 : 能 … 了 néng…le, 要 … 了 yao…le   기쁘다 : 开心 kāixīn

작문 能和**要好的**朋友一起做事了, 我真的很开心。
Néng hé yào hǎo de péngyou yìqǐ zuò shì le, wǒ zhēnde hěn kāixīn.

1 '친하다'를 '要好', '亲密'로 표현하는 것도 좋겠지만 '好朋友'라고 해도 좋다.

- **친한 사람들**과 함께 하니 일이 잘 풀립니다.
  和**好朋友**在一起, 办起事来就很顺手。
  Hé hǎo péngyou zài yìqǐ, bàn qǐ shì lái jiù hěn shùnshǒu.

2 '기쁘다 / 즐겁다'는 '高兴', '愉快', '开心' 등 여러 가지 표현이 있다.

- 좋은 성과를 거두게 되어 **기쁩니다**.
  我们获得了好的成果, 感到很**高兴**。
  Wǒmen huòdé le hǎo de chéngguǒ, gǎndào hěn gāoxìng.

- 우리는 이곳에서 **즐거운** 시간을 보냈습니다.
  我们在这儿过得很**愉快**。
  Wǒmen zài zhèr guòde hěn yúkuài.

바로잡기

- 我**不是他的亲密的朋友**。(×)
  Wǒ búshì tā de qīnmì de péngyou.
- 我**和他不亲密**。(○)
  Wǒ hé tā bù qīnmì.

이 비문은 형식에 있어서 틀리지 않지만 표현이 어색하다. '亲密'를 술어로 처리하는 것이 좋다.

…한 사람
一个…

> 나는 어제 거리에서 헤어진 지 10년이 된 친구를 만났습니다.

단어 거리 : 路 lù　　헤어지다 : 分手 fēnshǒu　　만나다 : 见 jiàn

작문 昨天我在路上碰见**一个**老朋友, 我们分手已经有十年了。
Zuótiān wǒ zài lùshang pèngjiàn yí ge lǎo péngyou, wǒmen fēnshǒu yǐjīng yǒu shí nián le.

1 '…한 사람'이라고 할 때 흔히 수식구조를 생각하여 '…的人'이라고 하는데, 본문의 의도처럼 묘사적인 관형어를 써야 할 경우, 해당 부분을 뒤로 옮겨 놓을 수도 있다.

- 나는 우리와 의견을 달리**하는** 그 **사람**이 싫습니다.

  我不喜欢**那个人**, **他**和我们意见不合。
  Wǒ bù xǐhuan nà ge rén, tā hé wǒmen yìjiàn bùhé.

2 우연히 만난 경우 '碰见'이라는 동사를 쓰며 '看见'이라고 할 수도 있다.

- 오늘 그를 만나지 못했습니다.

  今天没有**看见**他。
  Jīntiān méiyǒu kànjiàn tā.

바로잡기

- 他是<u>最值得信赖我的</u>朋友。(×)
  Tā shì zuì zhíde xìnlài wǒ de péngyou.

- 他是<u>我最值得信赖的</u>朋友。(○)
  Tā shì wǒ zuì zhíde xìnlài de péngyou.

이 비문은 '그는 가장 믿을 만한 나의 친구'라는 표현을 그대로 대응한 것이다. 그러나 '值得信赖我'는 '나를 믿을 만한 가치가 있다'는 의미로 틀린 표현이다. 아래의 바로잡은 문장처럼 '我最值得信赖的'라고 해야 한다. 유사한 표현으로 '他是我最可靠的朋友'라고 해도 좋다.

M 수식

 **123**

…이 많은 그
他的…最丰富

단어　…에 관하여 : 关于 guānyú　　경험 : 经验 jīngyàn　　묻다 : 问 wèn, 请教 qǐngjiào
　　　　…이 좋을 것 : 最好… zuì hǎo…

작문　关于那个问题, 最好请教他, 他的经验最丰富。
　　　　Guānyú nà ge wèntí, zuì hǎo qǐngjiào tā, tā de jīngyàn zuì fēngfù.

1 '그는 어떠한 사람'에 대해서 역시 '他是…的人'이라는 형식을 가장 먼저 떠올리겠지만 '어떠한'을 '어떠하다'로 변환하여 '他…'라고 하는 것이 좋다.

　● 그는 자료를 가장 많이 가지고 **있는 사람**입니다.

　他资料最多。
　Tā zīliào zuì duō.

2 '묻다', '알아보다'는 '问'이나 '打听'이라고 한다. 특히 '问'의 경우, 보다 공손하게 다음과 같이 표현할 수 있다.

　● 뭐 하나 **여쭤보**아도 될까요?

　我有件事想向您请教。
　Wǒ yǒu jiàn shì xiǎng xiàng nín qǐngjiào.

M 수식

바로잡기

　• 他在作业是经验很丰富。(×)
　　Tā zài zuòyè shì jīngyàn hěn fēngfù.
　• 他在工作上经验很丰富。(○)
　　Tā zài gōngzuòshang jīngyàn hěn fēngfù.

이 비문의 목적어는 주술구조로서 술어가 될 수 있다. 그러므로 동사 '是'는 불필요하다. 그리고 '在作业'는 부사어로 문장 맨 앞에 옮겨놓고 '在工作上, 他经验丰富.'라고 할 수 있으며 '他有丰富的工作经验.'이라고 해도 좋다.

156

···에서 ~하고 있는 사람

～在···的人

저기에 앉아 있는 사람이 제 동생입니다.

단어 앉다 : 坐 zuò   저기 : 那里 nàli   동생 : 弟弟 dìdi, 妹妹 mèimei

작문 坐在那里的人是我弟弟。
Zuò zài nàli de rén shì wǒ dìdi.

1 '저기 앉아 있다'를 어순에 따라 대응할 경우 '那儿坐着…'처럼 존현문 형식이 된다.

- 저기 두 사람이 앉아 있습니다.

  那儿坐着两个人。
  Nàr zuòzhe liǎng ge rén.

바로잡기

- 我的哥哥给我问时间。(×)
  Wǒ de gēge gěi wǒ wèn shíjiān.

- 我哥哥问我现在几点了。(○)
  Wǒ gēge wèn wǒ xiànzài jǐ diǎn le.

이 비문에는 '···에게'를 '跟' 대신 '给'로 대응하였는데, '问我···'라고 하며 간접인용 형식을 취하거나 직접인용의 형식으로 '哥哥问我："现在几点了"'라고 하는 것이 바람직하다.

~의 좋은 …
～的好…

> 그는 나의 좋은 직장 동료가 되었다.

단어 직장 동료 : 同事 tóngshì　　되다 : 成了 chéng le, 成为 chéngwéi

작문 他成了我**的好**同事。
Tā chéng le wǒ de hǎo tóngshì.

1 '좋은 …'라고 하며 사람간의 관계를 표현할 경우 '好'는 해당 명사를 직접 수식한다.

- **착한 아우**야, 정말 고맙다.

  我的**好弟弟**, 实在太感谢你了。
  Wǒ de hǎo dìdi, shízài tài gǎnxiè nǐ le.

2 그리고 '…이 되다'는 표현에서 '成' 뒤에 변화를 나타내는 '为, 了'를 붙이는 것을 잊어서는 안된다.

- 학교는 아이들의 좋은 놀이터가 **되어야** 합니다.

  学校要**成为**孩子们的好去处。
  Xuéxiào yào chéngwéi háizimen de hǎo qùchù.

- 컴퓨터는 이제 일상용품이 **되었습니다.**

  电脑现在**成了**日常用品。
  Diànnǎo xiànzài chéng le rìcháng yòngpǐn.

M
수식

바로잡기

- 仁川**成为了**韩中交易的重要港口。(✕)
  Rénchuān chéngwéi le Hán Zhōng jiāoyì de zhōngyào gǎngkǒu.
- 仁川**成为**韩中交易的主要港口。(○)
  Rénchuān chéngwéi Hán Zhōng jiāoyì de zhǔyào gǎngkǒu.

'成为了…'는 '成为'를 하나의 낱말로 보고 그 뒤에 '了'를 붙여 틀린 경우이다.

126

…하는 것
…的 ①

단어 당신 : 您 nín　　좋아하다 : 喜欢 xǐhuan　　음식 : 菜 cài

작문 今天吃您喜欢吃的吧。
Jīntiān chī nín xǐhuan chī de ba.

1 '좋아하는 음식'은 '喜欢吃的菜'라고 해야겠으나 일반적으로 많이 사용되는 생략법에 따라 '좋아하는 것 / 喜欢吃的'로 표현하는 것이 좋다. 그리고 직업에 대한 표현으로 '…的' 뒤에 '人'을 생략하면 아래의 '教书的'처럼 명사화하여 사용된다.

- 당신이 **보고 싶은 영화**로 봅시다.
  看您**想看的**(电影)吧。
  Kàn nín xiǎng kàn de (diànyǐng) ba.

- 그 사람은 **학교 선생**입니다.
  他是**教书的**。
  Tā shì jiāoshū de.

2 '…하도록 합시다'처럼 권유할 경우 문미에 '吧'를 써서 어기를 나타낸다.

- 우리 함께 갑시다.
  我们一起去吧。
  Wǒmen yìqǐ qù ba.

바로잡기

- 我是**买卖的**。(×)
  Wǒ shì mǎimài de.
- 我是**做买卖的**。(○)
  Wǒ shì zuò mǎimài de.

'나는 사고 파는 것이다'로 해석이 되는 만큼 뭔가 이상한 문장이다. 흔히 동목구 '做买卖'에 '的'를 붙이면 '장사하는 사람'으로 이해가 되는데, 그 뒤에 와야 할 '人'이 생략된 것이다.

M
수식

…하는
…的 ②

저 파란색 버스는 여의도에 가는 버스입니다.

단어 파란색 : 蓝色 lánsè   버스 : 汽车 qìchē   여의도 : 汝矣岛 Rǔyǐdǎo

작문 那辆蓝色的汽车是去汝矣岛**的**。
Nà liàng lánsè de qìchē shì qù Rǔyǐdǎo de.

1 이 문장에는 '버스'가 앞, 뒤에 두 개가 쓰여 있다. 이 경우 둘 중의 하나를 생략해야 하는데, 뒤의 것을 생략하는 방법과 앞의 것을 생략하는 방법, 두 가지가 있을 수 있다. 앞을 생략하는 것은 우리 언어습관에 부합하는 것이기는 하지만 듣고 보는 데 끝까지 긴장감을 주게 되므로 역시 뒤를 생략하는 것이 좋다.

● 저 가게는 가격이 가장 공정**한 가게**입니다.

那个商店是价钱最公道**的一家**。
Nà ge shāngdiàn shì jiàqián zuì gōngdào de yì jiā.

2 '저 …'는 '那个…' 외에도 '那家…' 등 수식을 받는 명사에 어울리는 양사들과 결합하여 대응이 가능하며, 방위를 가리키는 경우 '那边的…'라고 해도 된다.

● **이쪽**에서는 술을 팔고 **저쪽**에서는 음료수를 팝니다.

这边的卖酒, **那边**的卖饮料。
Zhè biān de mài jiǔ, nà biān de mài yǐnliào.

바로잡기

• 我喜爱运动方面**比别的**。(×)
Wǒ xǐ'ài yùndòng fāngmiàn bǐ bié de.

• 我**比什么都**喜欢运动。(○)
Wǒ bǐ shénme dōu xǐhuan yùndòng.

'方面'은 어떤 범주 안에서 그 속에 들어 있는 것들을 비교의 대상으로 삼아야 하므로 이 경우 '方面'을 삭제하고 '我喜欢运动'이라고 하는 것이 좋다. 그리고 '그 무엇보다도'는 '比什么都…'라고 하거나 '尤其'를 써서 다음과 같이 표현하는 것도 괜찮다.

• 我尤其喜欢运动。
Wǒ yóuqí xǐhuan yùndòng.

좀 …한 편인 것
…点儿的

단어 조금 : 一点儿 yìdiǎnr   저렴하다 : 便宜 piányi

작문 那, 请看看便宜一**点儿的**。
Nà, qǐng kànkan piányi yìdiǎnr de.

1 '조금 …하다'는 '…点儿 / 有点儿…'로 표현할 수 있다. 특히 여의치 않거나 불만스러울 때 '有点儿＋술어'의 형식을 취한다.

- **조금** 싸게 **해**주세요.
算便宜**点儿**吧。
Suàn piányi diǎnr ba.

- 이 물건은 **좀** 비싸군요.
这个东西**有点儿**贵。
Zhè ge dōngxi yǒu diǎnr guì.

2 '…한 것으로 보세요'로 표현을 달리해도 역시 '请看看'로 대응된다.

- 값이 가장 저렴한 것으로 보여드리죠.
请看看这价钱最便宜的。
Qǐng kànkan zhè jiàqián zuì piányi de.

바로잡기

- 我个子在家里**比较矮的**。(×)
Wǒ gèzi zài jiāli bǐjiào ǎi de.
- 我个子在家里**算是比较矮的**。(○)
Wǒ gèzi zài jiāli suànshì bǐjiào ǎi de.

'…한 편이다', '…축에 속한다' 등을 표현할 때 '算是' 즉 '어떻게 평가된다'는 뜻을 첨가해야 한다.

129 ～하고 …한
～而…的

단어　맑다 : 晴朗 qínglǎng　　따뜻하다 : 温暖 wēnnuǎn

작문　**谁都喜欢晴朗而温暖的天气。**
Shuí dōu xǐhuan qínglǎng ér wēnnuán de tiānqì.

1 '而'는 형용사성 성분을 잇는 도구로서 동사성 성분을 잇는 '并'과 대비하여 기억하는 것이 바람직하다.

- 나에게 **아름답고 귀여운** 여자친구가 생겼습니다.

  我有了一个女朋友, 她**美丽而可爱**。
  Wǒ yǒu le yí ge nǚpéngyou, tā měilì ér kě'ài.

- 우리는 문제를 **발견하고 해결해야** 합니다.

  我们要**发现并解决**问题。
  Wǒmen yào fāxiàn bìng jiějué wèntí.

2 '谁' 뒤에 부사 '都'를 붙이면 범위가 상당히 넓음 즉 많은 사람들이 모두 어떠하다는 점을 부각시킬 수 있다.

- 그 일은 **누구나 알고** 있습니다.

  那件事**谁都知道**。
  Nà jiànshì shuí dōu zhīdao.

바로잡기

- 他是**老实和勤勉**。(✕)
  Tā shì lǎoshi hé qínmiǎn.

- 他**既老实又勤勉**。(○)
  Tā jì lǎoshi yòu qínmiǎn.

'和'는 명사성 성분들을 잇는 도구이다. 그런데 이 문장에 쓰인 '老实'와 '勤勉'은 모두 형용사이며 그대로 술어로 쓰여 '他老实', '他勤勉'라고 할 수 있다. 이 비문은 품사에 대한 이해 부족으로 빚어진 오류라고 할 수 있다.

…에 대한 이야기
有关于…的事情

저는 당신에 대한 이야기를 많이 들었습니다.

단어 많이 : 多 duō, 常常 chángcháng　이야기 : 话 huà, 事情 shìqing
듣다 : 听说 tīngshuō

작문 我常常听说有关于你的事情。
Wǒ chángcháng tīngshuō yǒuguān yú nǐ de shìqing.

1 '많다'와 그대로 대응되는 표현은 '多'이지만 내용상 빈도를 나타내는 것에 착
안하여 '常常'을 쓰는 것이 좋다.

　● 내가 가장 **많이** 먹는 음식은 김치볶음밥입니다.

　我最**常**吃的是泡菜炒饭。
　Wǒ zuì cháng chī de shì pàocài chǎofàn.

2 이 문장은 흔히 '말씀 많이 들었습니다'라고도 하는데, 예절에 관련된 표현으
로 다음과 같은 것이 있다.

　● 말씀 많이 들었습니다.

　久闻大名!
　Jiǔ wén dàmíng!

　久仰, 久仰。
　Jiǔ yǎng, jiǔ yǎng.

바로잡기
- 他对这件事**很有认识**。(×)
　Tā duì zhè jiàn shì hěn yǒu rènshi.
- 他对这件事**很清楚**。(○)
　Tā duì zhè jiàn shì hěn qīngchu.

'认识'은 사람에 대한 숙지를 의미하는 것으로 '很熟悉'로 표현할 수도 있다. 그러나 이 경
우는 일에 대한 것으로 '知道'라는 의미의 '清楚'를 사용하여 훤히 알고 있다고 하거나,
'十分了解'로 표현하는 것이 좋다.

1 해결하기 어려운 문제들을 그는 척척 해결한다.

→

2 이것은 우리 모두가 가장 혐오하는 방법입니다.

→

3 우리와 뜻을 같이하는 사람의 수가 점점 늘고 있습니다.

→

4 이 연구소는 최근에 중국에서 발간된 잡지를 비롯한 다양한 자료들을 확보했습니다.

→

5 저기 바닥에 앉아 친구들과 이야기를 나누는 저 사람을 아십니까?

→

6 직원들의 복지 향상을 위하여 애쓰는 회사는 생산성도 높습니다.

→

7 이것은 제가 오래 전부터 보고 싶어했던 영화입니다.

→

8 우리는 맑고 깨끗하고 새들이 날개짓 하는 그런 하늘을 원합니다.

→

9 더없이 소중하고 더없이 사랑스런 가족에게 모든 것을 바치는 사람만이 진정한 아빠와 엄마가 될 수 있습니다.

→

10 저는 당신께서 가난한 사람을 많이 돕는다는 이야기를 자주 들었습니다.

→

부 록

1
- 요점 ···에 나가다 在···工作　···라고 하다 听说···
- 정답 听说他在大象贸易公司工作。

2
- 요점 답장 回信　늦다 晚　양해하다 原谅
- 정답 我回信太晚，请原谅。

3
- 요점 지금 如今　국제법 国际法···　···을 공부하다 研究···
- 정답 如今我在大学研究国际法。

4
- 요점 일을 하다 做事　경험이 부족하다 没有经验　실수를 많이 하다 错误百出
- 정답 由于没有经验，做起事来错误百出。

5
- 요점 주소 地址　다시 한번 再　알려주다 告知,告诉
- 정답 请再告诉我王先生住在哪儿(王先生的地址)。

6
- 요점 귀하 您　지도편달 指教　···을 부탁드리다 请···
- 정답 请您多多指教。

7
- 요점 사업 业务　진척 进行　상황을 알고 싶다 不知···怎么样？
- 정답 不知业务进行得怎么样？

8
- 요점 지금 ···하고 있다 正在···　일정 日期,日程　변경하다 更改
　···하게 된 이유 为什么···　알아보다 打听
- 정답 我们正在打听为什么更改了日期。

9
- 요점 언제 什么时候,日期　이곳에 오다 来访,来　사전 事先　알려주다 通知
- 정답 请事先通知我们来访日期。
　请事先通知我们什么时候来。

10
- 요점 요즘 近来　바쁘다 忙　···한 관계로 因···　방문 일정 访问日程
　늦추다 延后
- 정답 因近来业务忙，不得已将访问日程延后。

B
활동2

1 `요점` 시장 市场, 行情　조사하다 调查, 了解
`정답` 我要去中国了解行情。

2 `요점` 며칠 전 日前　입원 住院　소식 消息　병문안 探病, 探望
`정답` 日前,听到王先生住院的消息后,曾去探望过他。

3 `요점` 도착하다 到, 到达　…하는 즉시 一…及时(就)　연락하다 联系
`정답` 我一到那里会及时和您联系。

4 `요점` 기다리다 等, 等待
`정답` 我一边看书一边等朋友。

5 `요점` 병가를 내다 请病假　잠시(며칠) 几天　…할까 하다 打算…
`정답` 我打算请病假休息几天。

6 `요점` 결과 结果　…에 대해서는 对于(至于)…　다음에 改天　알리다 告诉
`정답` 至于事情的结果,改天再告诉你。

7 `요점` 중요한 사안 要紧的事情　상의 드리다 请教, 跟…商量
`정답` 我想跟您商量一件要紧的事情。

8 `요점` 보다 나은 …更理想的…　해결책 解决方案　…을 찾다 找…
`정답` 让我们找一个更理想的解决方案。

9 `요점` 중국지사 中国分公司　…할 수 있게 되길 希望有机会…
`정답` 希望有机会在中国分公司工作。

10 `요점` 도움을 주다 给予大力支持　여러분 各位
　　　…에게 감사의 뜻을 전하다 向…表示谢意
`정답` 要向给予大力支持各位表示甚深的谢意。

1 요점 상황 情况　불리하다 不利　…하더라도 即使…　개의치 않다 不介意
정답 即使情况不利于我方, 我们也不会介意的。

2 요점 이곳 此地　생각했던 것보다 …하다 比想像的…　복잡하다 复杂
정답 此地的情况要比我们想像的复杂得多。

3 요점 상대방 对方　약속을 지키다 履行承诺　…하지 못하다 没有…
불쾌하다 不愉快
정답 对方因我们没有履行承诺而感到不愉快。

4 요점 타지 异国他乡　…과 같은 像…这样的　만나다 见到　…게 되어 能够…
정답 在这异国他乡能够见到像你这样友善的人, 我感到非常高兴。

5 요점 요즘 近来　피곤하다 疲劳　…한지도 모르다 感觉不到
정답 近来业务繁忙, 都感觉不到身心疲劳。

6 요점 …에 진출하다 打进…　취소되다 取消
정답 我们要打进中国市场的计划被取消了。

7 요점 성수기 旺季　비행기표 机票, 机位　예약하다 订　애로가 많다 不容易
정답 现在是旺季不容易订到机位。

8 요점 깜박 잊다 一时忘记　…에게 전화를 드리다 打电话给…
정답 我一时忘记打电话给你。

9 요점 성실하다 诚实, 老实　정평이 나 있다 出了名
정답 李大昌是出了名的老实人。

10 요점 이곳 这儿　식구 家口, 同事
정답 这儿的同事们都很好。

1 요점 주중 平时　시간을 내다 抽空　…하기가 곤란하다 不容易…
정답 平时不容易抽出空来。

2 요점 항상 每天　바쁘다 忙　…한 관계로 …所以…　만나다 见
…하기가 정말 어렵다 很难…
정답 李先生每天都很忙, 所以很难见到他。

3 요점 이런 这种　제품 产品, 物品　우리 공장 我们厂
정답 只有我们厂生产这种物品。

4 요점 가장 最　규모 规模
정답 贸易部在我公司里规模最大。

5 요점 가격 价格, 价钱　문제가 아니다 不成问题, 不很重要　품질 质量
…에 더 관심을 가지다 更加关心…
정답 价格不很重要, 我们必须更加关心质量。

6 요점 포장 包装　좋다 不错　… 보이다 看起来…　내용이 부실하다 不好, 不结实
정답 包装看起来不错, 只是东西做得不好。

7 요점 오후 下午　항상 总是
정답 下午我总是在公司里。

8 요점 북서쪽 西北方　…에 위치하고 있다 位于…
정답 贸易大厦位于西北方。

9 요점 우연히 알게 되다 萍水相逢　서로 彼此　신뢰감을 갖고 있다 信赖
정답 我们虽是萍水相逢, 但彼此信赖。

10 요점 …을 뵙고자 하다 想拜访…　시간을 내어주다 抽空接见
정답 我想拜访您请教这件事, 不知能不能抽空接见？

작문연습해답

1 요점 그런 사람 那种人　거래하다 交易　…하고 싶지 않다 不想…
당신을 생각하다 有碍于你的情面　참다 忍
정답 我不想和那种人交易, 可有碍于你的情面, 我暂且忍住了。

2 요점 소비자 消费者, 顾客　불만 不满　…을 파악하지 못하다 没能掌握
정답 我们没能掌握消费者对产品的不满。

3 요점 당신의 편지 你的来信　받다 收　전혀 몰랐다 根本不知道
정답 因为我们没有收到你的来信, 所以根本不知道有这回事。

4 요점 더 이상 再　지체하다 拖延时间　분명히 말해두다 明白表示
정답 我已明白表示不能再拖延时间。

5 요점 느끼하다 油腻　중국 음식 中国菜　…을 싫어하다 讨厌…
정답 是有点油腻, 但我并不讨厌吃中国菜。

6 요점 엘리베이터 电梯　설치하다 安装　경비를 절감하다 节减经费
정답 我们没有安装电梯是为了节减经费。

7 요점 사장 老板, 总经理　이해가 되지 않다 令人费解
정답 你这个老板都不知道这件事, 真是令人费解。

8 요점 제안 建议, 意见　별 관심을 보이지 않다 毫无关心
정답 他们对我们的意见毫无关心。

9 요점 그렇게 那种　걷다 走　운동 锻炼身体　…이 되지 않다 没有多大帮助
정답 那种走法对锻炼身体没有多大帮助。

10 요점 불평을 늘어놓다 发牢骚　…만 하다 净…　대책을 모색하다 想办法
정답 不要净发牢骚, 让我们想想办法。

1 요점 몸이 아프다 不舒服   병원에 가다 看大夫, 去看病   …해야 할 것 같다 看来得…
정답 身体不舒服, 看来, 得去看看大夫了。

2 요점 경험이 풍부하다 经验丰富   일 처리 办事   …가 매끄럽다 …很顺利
정답 他经验丰富, 办起事来很顺利。

3 요점 전문가 专家   …에게 일을 맡기다 交给…去做
시간이 (너무) 늦다 晚, 为时已(过)晚
정답 交给专家去做是因为时过晚。

4 요점 모임 聚会   들은 바 있다 听说   참여하다 参加
정답 没有听说有什么聚会, 我不参加了。

5 요점 개인적인 것(프라이버시) 隐私   말씀을 드리다 告诉
정답 这属于我的隐私, 所以没有告诉你。

6 요점 도로 사정 路况   여의치 않다 不好, 不如意   제시간에 도착하다 准时到达
정답 由于路况不好, 没有能够准时到达。

7 요점 자료 材料   …할 것 같다 以为…   찾아뵙다 拜访   떠나다 走, 离开
정답 我以为您需要这份材料, 所以才来拜访, 可有人告诉我您已经走了。

8 요점 쌍방의 양보 双方互让   잘 되다 得以…
정답 双方互让, 这件事才得以解决。

9 요점 개인적인 사정 情况不允许   마중나가다 去迎接   양해하다 谅解
정답 我的情况不允许, 所以没有去迎接您, 请谅解。

10 요점 모두의 이익 大家的利益   …에 관련되어 있다 关系到…   신중을 기하다 慎重
정답 这关系到我们大家的利益, 所以得慎重一点儿。

1 요점 좋은 방법 好办法
정답 有没有解决这个问题的好办法？

2 요점 자동차 汽车　속도가 느리다 速度慢
정답 这辆汽车速度怎么这么慢？

3 요점 소비자의 권리 消费者的权利　…를 무시하다 无视…
정답 你为什么无视消费者的权利？

4 요점 주문하다 订货　임의 随意　교체하다 更，换
정답 你们为什么随意更换我们的订货？
你们怎么不按我方的要求交货？

5 요점 여행 중 路上　불편한 점이 없다 好
정답 路上还好吧？

6 요점 성분 成分　…을 알려주십시오 请问，…
정답 请问，这个产品含有哪些成分？

7 요점 부근 附近　주차할 만한 곳 适合(可以)停车的地方
정답 附近有没有适合停车的地方？

8 요점 먼저 先　귀하 您，阁下　방문일정 访问日程　FAX 传真
정답 能不能先将阁下的访问日程表传真给我们？

9 요점 면도기 刮胡刀　한 번 충전하다 充一次电
정답 这个刮胡刀充一次电可以用几个小时？

10 요점 세탁기 洗衣机　…한 지 1년도 되지 않았다 还不到一年　자주 …动不动…
고장이 나다 坏了
정답 这个洗衣机买来还不到一年，怎么动不动就坏了？

1
요점 …가운데 在…当中　믿음직하다 可靠　…해 보이다 看起来…
정답 在朋友们当中, 看起来你最可靠。

2
요점 독서 看书, 阅读　…가 그 무엇보다도 …하다 …比什么都…
유익하다 好, 有益　취미 嗜好　…라고 보다 认为…
정답 我认为看书这个嗜好比什么都好。

3
요점 가방 包　저것만 못하다 不如那个　훨씬 远
정답 这个包的质量远不如那个。

4
요점 수적으로 열세 人少势弱　결코 决　…에게 뒤지지 않다 不落后于…
정답 虽然我们人少势弱, 但是实力决不落后于他人。

5
요점 이곳 此地　고가품 高档产品　…을 더 선호하다 偏好…
정답 此地的消费者偏好高档产品。

6
요점 택시 出租汽车　버스 公共汽车　편하다 舒适　…에 있어서는 在…上
정답 坐出租固然比坐汽车舒适, 但是在速度上, 决不快多少。

7
요점 저가 低廉　…할 줄 아는 안목 有这种眼光　무엇보다 尤其
정답 要选择低廉而实用的产品, 有这种眼光尤其重要。

8
요점 패스트 푸드 速食　잘 팔리다 畅销　예전 过去
정답 速食畅销, 这一点和过去不同。

9
요점 …을 서두르다 急于　시장에 내놓다 推出市场　연구개발 研发
…에 신경을 쓰다 用心于　~하는 것보다 …하는 것이 좋다 …不如~
정답 急于将产品推出市场, 不如多用心于产品的研发。

10
요점 찾아가다 去　직접 가다 亲自去　효과적이다 有效
정답 我去没有老板亲自去有效。

1
선택

1 요점 다음에 改天 …하는 것이 좋다 …较好
정답 我看，还是改天再去较好。

2 요점 …을 먼저 하다 先做… 그때의 상황 当时的情况
~은 …에 달려 있다 看…而定
정답 先做什么，得看当时的情况而定。

3 요점 몸에 맞다 合身 고르다 挑选 상표 厂牌 …를 따지다 看…
정답 现在有些人不问衣服合不合身，只看是什么厂牌。

4 요점 내 뜻대로 하다 随心所欲 …할 수만 있다면 要是能…，只是能…
구두 皮鞋 …를 버리고 싶다 很想扔掉…
정답 要是能随心所欲，我很想扔掉这双皮鞋。

5 요점 아침 早上 일어나다 起来，起床 먼저 ~하고 …를 하다 先~后(再)…
어떤 경우에는 有的时候…
정답 有的时候，早上起来先吃饭后梳洗。

6 요점 날씨가 무덥다 天气闷热 침대 床 방바닥 地板 …에 눕다 躺在…
시원하다 凉快
정답 在天气闷热的时候，还是躺在地板要比躺在床上凉快。

7 요점 동기 动因 능률이 더 오르다 效率更高
정답 如果有动因的话，效率总比没有的时候高。

8 요점 …을 예약해놓다 订好… …하는 것이 좋다 …为好
정답 我看，还是先订好饭店为好。

9 요점 역시 还是 …하는 것이 더 좋다 还是要…
정답 这件事还是要交给丁秀珍去办。

10 요점 …을 따르다 遵从 …하기로 하다 决定…
정답 我们决定遵从你的决定。

1 요점 쇼핑하다 采购　값 싸다 价钱公道　…을 소개하겠다 我给你介绍…
정답 你要采购,我会给你介绍一家价钱公道东西好的商店。

2 요점 정 势必　필요하다 需要(要买)　…에게 양보하다 让给…
정답 你势必要买,我就让给你吧。

3 요점 …이 충분하다 有足够的…　더 많은 …을 구입하다 买更多的…
정답 如果有足够的钱,我会买更多的东西。

4 요점 추천하다 推荐　…한다면 若…　틀림 없이 肯定
회사에 들어가다 被公司聘用
정답 若有您的推荐,肯定会被那家公司聘用。

5 요점 조금이라도 稍…　이상한 점 问题　즉시 알리다 立即通知
정답 只是发现稍有问题,请立即通知我们。

6 요점 소개하다 推荐,介绍　업자 厂商　언제라도 随时　…할 용의가 있다 有意…
정답 是贵公司所推荐的厂商,我们有意随时接洽。

7 요점 정중히 郑重其事地　사과하다 道歉　더 이상 …하지 않다 不再…
문제 삼다 追究
정답 如果你们郑重其事地道歉,我们就不再追究。

8 요점 우리 사이 我们之间　오랜 长期　협력관계 合作关系　…를 고려하다 考虑…
…하지 말았어야 하다 不应该…
정답 考虑我们的长期合作关系,就不应该有这种事情发生。

9 요점 계속하다 坚持　무리한 요구 过苛的要求　거래 交易
…를 포기할 수밖에 없다 不得不(只好)抛弃…
정답 如果贵方坚持过苛的要求,我们不得不抛弃这项交易。

10 요점 …하기 전에는 除非…　…할 수 없을 것이다 恐怕不能…
정답 除非去电子商场,恐怕买不到这么便宜的收音机。

1 요점 개업 开张 …을 축하하는 의미로 …表示祝贺 화분 花盆
정답 他们开张的时候, 我们送了一个花盆表示祝贺。

2 요점 필요할 때 需要的时候 참고하다 作参考
정답 这份材料请在需要时作参考。

3 요점 건강을 유지하다 锻炼身体(维持健康) 헬스클럽 健身房
정답 我到健身房去锻炼身体。

4 요점 늘 常 바둑을 두다 下围棋 시간을 보내다 打发时间
정답 我们常下围棋打发时间。

5 요점 항상 总是 내일을 준비하다 迎接明天 오늘을 살다 致力于(经营)今天
정답 总是致力于今天, 以迎接明天的到来。

6 요점 상대방의 의사 对方的意思 타진하다 探问
정답 为了探问对方的意思, 打电话给他们了。

7 요점 조치 措施 상대방을 배려하다 为(考虑)对方 …하는 차원에서 为…
취하다 采取
정답 这是为对方而采取的措施。

8 요점 문제가 원만히 해결되다 问题得到(圆满)解决 …에게 도움을 주다 帮助…
정답 他经常帮助我们使问题得到解决。

9 요점 점심시간 中饭时间 잠시 잠을 청하다 小睡一会儿
정답 中饭时间我们吃了饭还小睡一会儿。

10 요점 밀린 일 施延的事物 처리 处理,办理 밤을 꼬박 새우다 熬了一夜
정답 我为了处理堆积如山的业务熬了一夜。

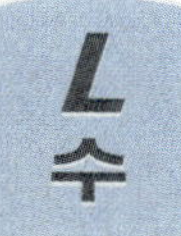

1 요점 ···원짜리 ···钱的   ···원에 샀다 花了···钱买下来了
정답 这件十万块钱的衣服, 我只花了五万块钱就买下来了。

2 요점 ··· 앞에서 在···的面前   시를 읊다 吟诗   큰 도움이 되다 有很大的帮助
···할 줄이야 没想到会···
정답 没想到在中国人面前吟一首诗会有这么大的帮助。

3 요점 일에 뛰어들다 从事···行业
···한 지도 어언 ···년이라는 세월이 흘렀다 ···不觉已有···年了
정답 我从事这一行不觉已有三十年了。

4 요점 도시 城市   각기 특색을 지니고 있다 各有特色
정답 中国的城市各有特色。

5 요점 내가 가지고 있던 ···我口袋里(手中)的···   ···의 반 一半的···
···으로 날리다 花(输)在···上
정답 我把我口袋里一半的钱输在赌博上。

6 요점 ~에게 더없이 중요한 ··· 对~无比宝贵的···
정답 这对我们来说是一个无比宝贵的信息。

7 요점 어떻게 怎么   살다 活, 过
정답 一天吃一顿饭怎么活?

8 요점 음료수 饮料   ···를 한 잔도 마시지 않다 根本不喝···
정답 我根本不喝饮料。

9 요점 하루 이틀 一两天   늦다 晚   ···한 것은 무방하다 ···问题不大(无妨)
하자 毛病   ···하면 곤란하다 ··· 可不行
정답 晚一两天问题不大, 但有毛病可不行。

10 요점 낚시대 钓杆   길이가 ···밖에 되지 않다 只有···长
정답 这个钓杆只有一米长。

1 요점 어려운 문제 棘手的问题　척척 해결되다 迎刃而解
정답 一些棘手的问题, 在他手中迎刃而解。

2 요점 혐오하다 厌恶
정답 这种方法是最令我们厌恶的。

3 요점 뜻을 같이하는 사람 志同道合的人　점점 늘다 越来越多
정답 和我们志同道合的人越来越多。

4 요점 중국에서 발간된 잡지 中国杂志…　…를 비롯한 …, 其中包括…
…을 확보하다 拥有…
정답 这个研究所里拥有多样的材料, 其中包括最新中国杂志。

5 요점 바닥에 앉다 蹲在地上　…과 이야기를 나누다 和…聊天
정답 你认识那个蹲在地上和朋友们聊天的人吗?

6 요점 복지향상 提高福利　…을 위하여 애쓰다 热心…　생산성 生产力
정답 一个公司热心提高员工福利, 它的生产力也会随之提高。

7 요점 오래전부터 …하고 싶던 盼望已久的
정답 这是盼望已久的电影。

8 요점 맑고 깨끗하다 晴朗而洁净　날개짓하다 展翅　…을 원하다 希望看到…
정답 我们希望看到晴朗、洁净、鸟儿展翅高飞的那种天空。

9 요점 더없이 无比　소중하다 珍贵　사랑스런 可爱的　…을 바치다 奉献…
…만이 唯有…　진정한 真正的
정답 唯有将一切奉献给无限珍贵、无限可爱的家人, 才能成为真正的爸爸、
妈妈。

10 요점 가난한 사람 贫穷的人　…를 많이 돕다 乐于(常常)帮助…
…라는 이야기를 자주 듣다 常听说…
정답 我常听说您乐于帮助贫穷的人。

알아두면 유익한
기본서식

외국어 학습과 구사는 궁극적으로 문화와 사고방식이 서로 다른 외국인들과의 交際를 원활히 하기 위한 것으로서 1 대1 대면을 통한 의사소통과 서신 또는 자료을 통한 접근이 주된 방법이라 하겠다.

지금 우리가 작문을 공부하는 것도 역시 교제에 필요한 서면적 도구를 확보하기 위해서인데, 이 도구에는 문장이라는 표현 방법 외에도 문서의 형식이라는 틀이 중요한 구성요소로서 자리잡고 있다. 일반적인 서신을 비롯하여 간결한 내용과 형식을 요구하는 초대장, 소개장, 메모, 팩스 문건 그리고 이메일이나 홈페이지 게시판 등이 우리가 알아두어야 할 기본적인 서식이다.

1 서식의 일반 형식

```
__________ : (호칭)
____________________ (인사말)

    _________________________________________

__________ (본문)
__________ (맺음말)
                              ____________ (서명)
                               __________ (날짜)


    _________________________________________

__________ (추신)
```

호칭 : 수신자의 이름과 발신자와의 사회적 관계가 반영되는 호칭으로 구성되는 것으로서 가족간의 서신에는 爸爸, 妈妈, …哥, …弟, …姐, …妹, 로 적고, 일반적인 관계의 경우 …先生, …女士, …小姐, …同学 등으로 적는다.

인사말 : 주로 계절이나 시기에 관계된 표현 또는 상대방으로부터 받은 편지의 날짜 등으로 구성된다.

你好!

在这美好季节, 祝愿您阖家平安, 万事如意!

谢谢你三月二十号的来信。

본문 : 이는 우리가 편지를 보내는 목적 즉 용건을 적는 부분이다. 매 단락의 시작은 우리가 흔히 한 칸을 띄우고 쓰는 방식과는 다르게 두 칸을 띄운다.

맺음말 : 수신자에 대한 축복을 표현하는 부분으로 다음과 같은 것이 상용된다.

祝你 平安

祝您 健康

敬祝 安康

顺问 安好

此致 敬礼

서명 : 발신인의 이름을 넣는 자리로서 이 또한 수신인과의 사회적 관계를 반영한다.

儿 … 敬上

学生 … 敬呈

날짜 : 이는 우리의 습관과는 다르게 서명 밑에 위치한다.

추신 : 본문에 누락된 내용을 '又及: …'와 같은 형식으로 보충하는 부분이다.

2 각종 서식의 예

(1) 일반 서신

小刘:

　　你好！

　　上个月你寄给我的信已经收到, 抱歉, 我回信太迟了。

　　今天我有件事想拜托你。现在我弟弟想去中国学习中国医学, 不知哪所中医学院的水平较高, 都需要具备哪些条件。你从事教育工作, 想必认识很多有关人士, 就替我们打听一下, 好吗？

　　敬祝

夏安

　　　　　　　　　　　　　　　　　　　　仁浩 敬上

　　　　　　　　　　　　　　　　　　　　2000年 6月 20日

又及: 我昨天收到老郑的信, 他说很想念你。

잘 있었나?
　지난 달 자네가 보낸 편지는 잘 받았네, 그런데 답장이 이렇게 늦어 미안하네.
　오늘 자네에게 부탁할 일이 하나 있지. 내 아우가 중의학을 공부하러 중국에 가려고 하는데 어느 중의과대학의 수준이 높고 또 어떤 조건을 구비해야 하는지 모르겠구먼. 자네는 교육자라서 관계 인사들을 많이 알터이니 좀 알아보아주시게나.
　더위에 몸조심하게.

　　　　　　　　　　　　　　　　　　　　인호가.
　　　　　　　　　　　　　　　　　　　　2000년 6월 20일

　참, 어제는 정형의 편지를 받았는데 자네가 그립다고 했어.

(2) **초대장**

亲爱的赵先生：

　　本公司将举行餐会与业界同仁恳谈商事，诚邀阁下赏面。时
间及地点如下：

　　时间：2000年 10月 25日
　　地点：汉城乐宾酒店

恭候光临

大象公司
总经理李基成
2000年 10月 20日

친애하는 조 선생님.
　본사는 업계 인사들을 모시고 사업에 관한 간담회를 개최하고자 귀하를 초대하오
니 부디 참석하시어 자리를 빛내 주시기 바랍니다. 시간과 장소는 다음과 같습니다.
　　시간 : 2000년 10월 25일
　　장소 : 낙빈호텔
오시기를 기다리겠습니다.

(3) **소개장**

郑先生：

　　我郑重推荐崔大吉来贵公司工作。崔大吉毕业于韩一大学中语
科，外语好，进取心强，有卓越的办事能力，相信有利于你们的发展。请
多关照。

杨光明　启
2000年 7月 15日

(4) 메모

高小姐:

　　我今天很忙, 请帮我订一下后天去北京的机位, 好吗？

小杨　托

2000. 6. 18.

(5) 팩스

孙先生:

　　我们一行三个人, 将于明天乘韩国航空班机飞往贵地, 下午一点
到达。请安排车辆。

小朱

2000. 7. 1.

알아두면 유익한 기본서식

(4) 이메일

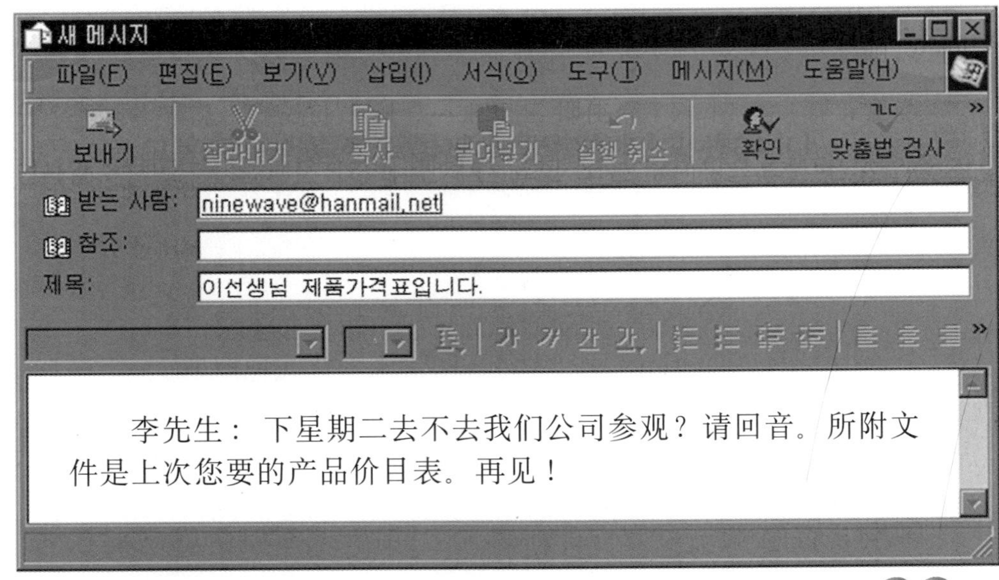

새 메시지
파일(F) 편집(E) 보기(V) 삽입(I) 서식(O) 도구(T) 메시지(M) 도움말(H)
보내기   잘라내기   복사   붙여넣기   실행 취소   확인   맞춤법 검사
받는 사람: ninewave@hanmail.net
참조:
제목: 이선생님 제품가격표입니다.
李先生：下星期二去不去我们公司参观？请回音。所附文件是上次您要的产品价目表。再见！

이선생님: 다음 주 화요일에 저희 회사에 구경 오시겠습니까? 연락 주세요. 첨부
한 파일은 지난번에 요청하신 제품 가격표입니다. 안녕히 계세요!

school. - Microsoft Internet Explorer
파일(F) 편집(E) 보기(V) 즐겨찾기(A) 도구(T) 도움말(H)
뒤로   앞으로   중지   새로고침   홈   검색   즐겨찾기   목록보기   메일   크기   인쇄   편집
주소(D) http://www.chinatown.co.kr/board/write.asp?name=china   이동
연결 링크 사용자 정의   인터넷 시작   채널 가이드   추천 사이트   HotMail   Microsoft   Windows Update   Windows
열어본 페이지 목록
보기(W) 검색(S)
지난 주
월요일
오늘
Write
작성자   金钟锡
(귀하의 성명을 기입해 주세요.)
제 목   我想跟你交朋友
(쓰고자 하시는 내용의 제목을 적어주세요.)
E-mail   zxjin@copyQeen.co.kr
(귀하의 전자메일 주소를 기입해 주십시오.)
첨부파일   찾아보기...
(첨부하실 파일을 선택해 주세요.)
비밀번호   2583   (게시물의 수정/삭제시 필요합니다.)
丁小姐：我是韩国的金钟锡。无意中发现你的徵友启事，就想和你在网上交个朋友。我从事广告行业。不知你感不感兴趣？
완료   인터넷

(5) 게시판

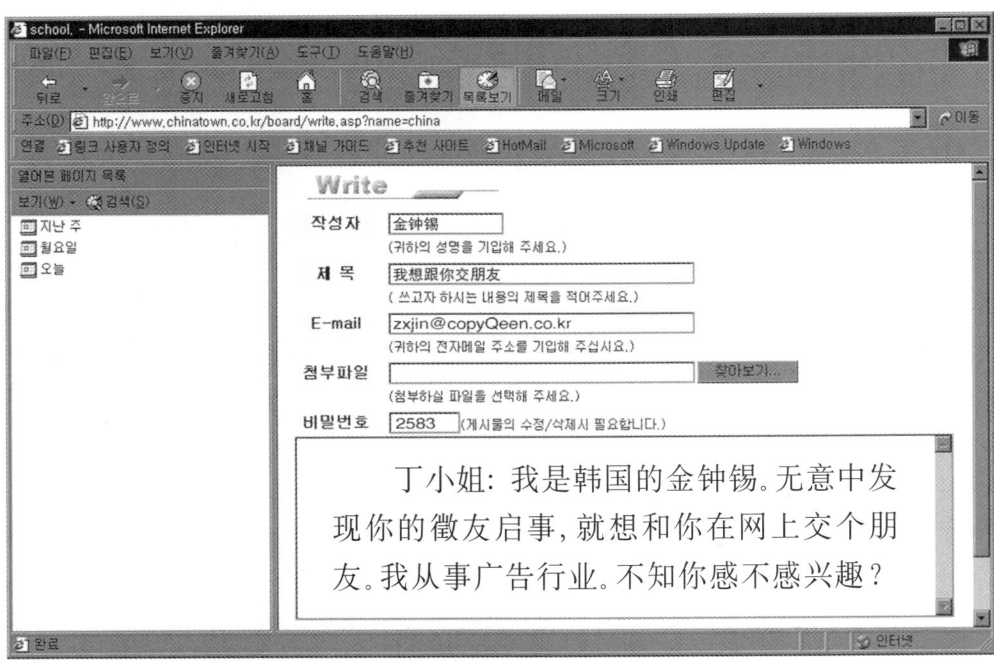

위에서 본 바와 같이 어떠한 내용의 서식이든 구성 요소의 배열은 동일하다 할 수 있다. 단 용도에 따라 일반서신은 비교적 친근감을 갖게 하는 구어체의 구사가 가능하고 초대장과 소개장은 간결한 내용에 정중함을 더해야 하므로 문어체를 주로 쓴다. 그리고 메모와 팩스, 이메일이나 게시판은 용건만 간단히 전달하는 관계로 비교적 문체가 자유롭다고 할 수 있다.

저자 우인호

(현) 한국외국어대학교 중국어통번역학과 교수

신중국어첫걸음 / 중국어관용어사전 / HSK 중국어입문
실용중국어작문 / 무역중국어작문 / 중국어회화
중국어 고사성어 100개만 외우자 1, 2

중국어 작문의 급소 130

초판발행 2000년 11월 05일
1판 7쇄 2015년 02월 20일

저자 우인호
펴낸이 엄호열
펴낸곳 (주) 시사중국어사
등록일자 1988년 2월 13일
등록번호 제1 - 657호
주소 서울시 종로구 자하문로 300 시사빌딩
전화 주문문의 (02) 3676 - 0808
　　　　내용문의 (02) 3671 - 0542
팩스 (02) 747 - 1945
홈페이지 book.chinasisa.com
이메일 china@sisabook.com